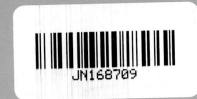

わたしたちのくらしと日本国憲法

2 自由な国をつくる［立憲主義・自由権］

監修
伊藤 真
文
市村 均
絵
伊東浩司

岩崎書店

監修《かんしゅう》のことば

第1巻の「監修のことば」で、わたしは「立憲主義《りっけんしゅぎ》や基本的人権《きほんてきじんけん》の尊重《そんちょう》という考えは世界の自由主義諸国《しょこく》において普遍的《ふへんてき》なもの」と述《の》べました。これは、現実の世界において、常に人権が尊重されているという意味ではありません。たとえば、「自由の国」といわれているアメリカでも、南北戦争《せんそう》終結（1865年）までは奴隷制《どれいせい》がありましたし、その後もキング牧師らによる公民権運動の時代（1950年代～60年代）に至《いた》るまではアフリカ系アメリカ人の公民権などが制限《せいげん》されていました。近年も、アメリカは国外に設置した収容所などにおいて、テロリストであるとの疑《うたが》いをかけた人たちに対して拷問《ごうもん》などの非人道的な扱《あつか》いをしていた事実が明らかになっています。

歴史《れきし》を振《ふ》り返っても、国家権力が暴走することによって人権が侵害《しんがい》されてきたことは明らかな現実です。だからこそ、人権は人類普遍の原理である「べきだ」と主張し続けることが大切なのです。

本巻では、このような人権侵害を防ぐために国家権力に歯止めをかける立憲主義や、国家に対する関係において国民の自由を保障《ほしょう》する自由権について、歴史的な視点《してん》を踏《ふ》まえて説明しています。

立憲主義や人権という考えは、西洋のもので、日本にはそぐわないと批判《ひはん》する人たちもいますが、実は、日本にも古くからこれらに近い考えがありました。

聖徳太子《しょうとくたいし》が604年に制定したとされる「十七条の憲法」には、「官吏《かんり》（国家の役人）たちは賄賂《わいろ》を取るな」「任《にん》務《む》を超《こ》えて権限を濫用《らんよう》するな」「国司《くにのつかさ》や国造《くにのみやつこ》（地方の役人や豪族《ごうぞく》）は人民から勝手に税を取るな」ということが示《しめ》されています。これらの条項には、役人が行使する国家権力を縛《しば》り、人民の利益《りえき》を守ろうという考えが示されています。その意味では、1400年以上《いじょう》前の日本にも立憲主義や人権思想に近い考え方があったといえます。

このように、日本や世界の歴史に目をやりつつ、立憲主義や人権について展望《てんぼう》していけば、みなさんは深い理解に至ることができるのではないでしょうか。

本書が、憲法を学ばれるみなさんのナビゲーターとなれば幸いです。

伊藤 真
（いとう まこと）

わたしたちのくらしと日本国憲法　②自由な国をつくる［立憲主義・自由権］

もくじ

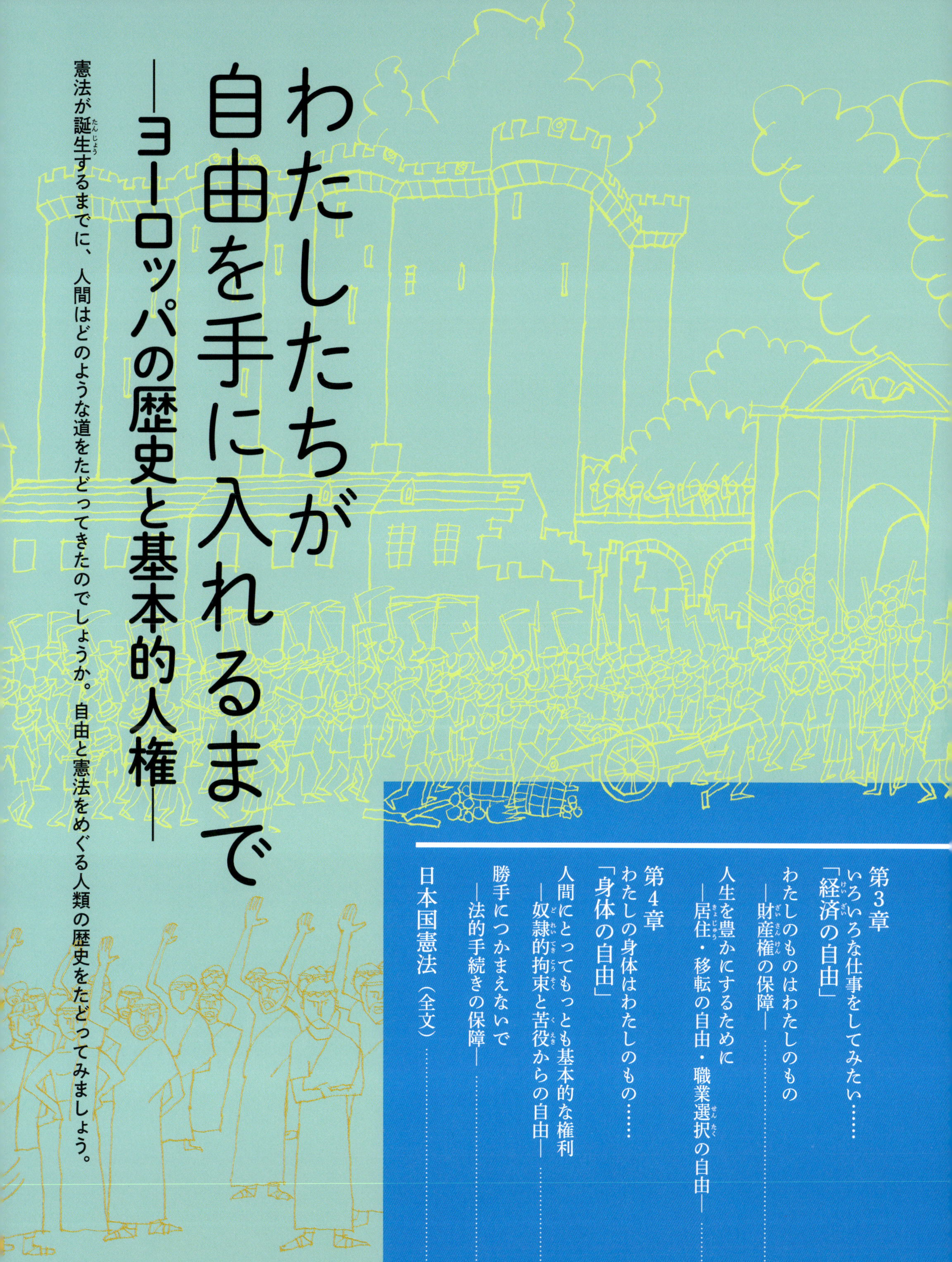

わたしたちが自由を手に入れるまで
―ヨーロッパの歴史と基本的人権―

憲法が誕生《たんじょう》するまでに、人間はどのような道をたどってきたのでしょうか。自由と憲法をめぐる人類の歴史をたどってみましょう。

❶ 文明の発達と民主主《しゅ》義《ぎ》のめばえ

牧畜《ぼくちく》や農業が「国」をつくった

●文明の成立と国の誕生《たんじょう》（紀元前三〇〇〇年ごろ）

「国」のはじまりを考える最初《さいしょ》のポイントは食べ物です。自然《しぜん》から食べ物をとる狩猟《しゅりょう》や採集《さいしゅう》ではなく、自分たちで食べ物をつくる農耕《のうこう》や牧畜がはじまると、多くの人に食べ物がいきわたるようになって、人口が増えます。とくに、メソポタミアやエジプトなどで川から水をひく灌漑《かんがい》農業がはじまると、小麦や大麦などが多くとれるようになりました。すると、交易《こうえき》も活発になり、遊牧民もふくめた多くの人びとが集まって、都市ができます。

食糧《しょくりょう》がたくさんあると、神官や戦士《せんし》など、農耕や牧畜をしなくてもよい人びとがうまれ、身分の差ができてきます。王は神殿《しんでん》をつくり、文字が発明され、決まりをつくって、都市の人びとを支配《しはい》するしくみができてきます。これが国のはじまりです。

麦の栽培やヤギ、羊、牛の飼育は、紀元前9000年ごろからはじまり、紀元前5500年ごろから、メソポタミアやエジプトで、川の氾濫を利用した灌漑農業が発達した。

民主主義はギリシアで芽《め》生《ば》えた

●都市国家とアテネの民主政治（紀元前七世紀〜紀元前四世紀ごろ）

国は自分たちの安全を確《かく》保《ほ》するために、食糧や財《ざい》産《さん》を求めて互《たが》いに争《あらそ》うようになります。地中海に面したギリシア地方では、侵《しん》入《にゅう》してきた部族が小さな都市国家（ポリス）をつくり、それぞれが戦っていました。

多くのポリスでは、スパルタのように一部の市民が征《せい》服《ふく》した先住民などを奴《ど》隷《れい》のように支配していました。その一方、交易を中心にさかえたアテネでは、平民がみずから歩兵として活《かつ》躍《やく》して、力が大きくなりました。

やがてアテネでは、18歳《さい》以《い》上《じょう》の市民権を持つ男子全員がアゴラという広場で「民会」という会議を開いて議《ぎ》論《ろん》を戦わせ、直《ちょく》接《せつ》政治の方《ほう》針《しん》を決めるようになりました。

また、市民からくじで選《えら》ばれた任《にん》期《き》1年の役人が政治を行い、裁《さい》判《ばん》官《かん》もくじによって任命されました。多くの市民が政治に直接参加する一方で、役人や政治家の責《せき》任《にん》を追及する制《せい》度《ど》もありました。

これは、直接民主制と呼《よ》ばれる民主主義のはじまりで、国民が代表を選んで行う現代の間接民主制をうみ出す大きな役《やく》割《わり》をはたしました。アテネの民主政治はほかのポリスにも広がりましたが、ポリスどうしの争いは続きました。

アテネの民主政治は、ペリクレスという将軍によって完成した。18歳以上の市民権を持つ男子からなる民会が開かれ、自由に発言して挙手による多数決で政策を決めた。

❷ ローマ帝国《ていこく》とキリスト教

民主政は倒《たお》れ帝国がさかえた

●民主政衰退《すいたい》とローマ帝国（紀元前六世紀～二世紀）

アテネの民主政には、女性や奴《ど》隷《れい》は参加できませんでした。また、直接《ちょくせつ》集まって政治の方針《ほうしん》を決めることから、国は領土《りょうど》を広げることができません。

そのうち民会には、個人的《こじんてき》な野《や》望《ぼう》を実現《じつげん》するために、調子のよい言葉を並べて、民衆をたきつけるデマゴゴス（デマゴーグ）と呼《よ》ばれる政治家もあらわれました。嘘《うそ》をデマというのは、ここから来ています。また、くじで選《えら》ばれた役人は、専門的《せんもんてき》な知識がないまま重《じゅう》要《よう》なことを決めてしまい、その結《けっ》果《か》、たびたび政治が乱《みだ》れて、戦争《せんそう》が続くようになりました。

民主政のアテネでは、すぐれた詩人や劇作家《げきさっか》によって文学や演劇《えんげき》が盛《さか》んになり、その後も哲学者《てつがくしゃ》、歴史《れきし》学者、建築家《けんちくか》が大いに活躍《かつやく》する土台をつくりました。しかし、スパルタとの抗争後《こうそうご》、マケドニアのアレクサンドロス大王に征服《せいふく》されて、平和は長く続きませんでした。

となりのイタリア半島では、都市国家のローマが王を追放して共和政になりました。権力《けんりょく》の中心は貴族《きぞく》の会議である元老院《げんろういん》でした。やがて、貴族や大地主と騎士《きし》や市民とが争《あらそ》ったり奴隷が反乱を起こしたりして、国は乱れました。すると今度は、その混乱《こんらん》をおさめた実力者が皇帝《こうてい》となって、政治を行いました。こうしてローマは帝国となり、賢《かしこ》い皇帝が続いて、およそ二〇〇年もの平和と繁栄《はんえい》の時代を築《きず》きました。

民主政のアテネが小国にとどまったのに対し、帝政のローマは、地中海沿岸全域《えんがんぜんいき》だけでなく、今のフランスやイギリス南部にまでその勢力《せいりょく》を広げたのです。

共和政ローマ末期の紀元前73年、奴隷身分で見世物にされていた剣闘士のスパルタクスが反乱を起こし、多くの奴隷が参加したが、ポンペイウスやクラッススらに鎮圧された。

コンスタンチヌス帝は313年に「ミラノ勅令」によってキリスト教を公認。その軍隊は、「P」と「X」を重ねたイエス・キリストを象徴する紋章の盾を用いた。

政治とキリスト教が結びついた

●キリスト教の誕生《たんじょう》と広がり（一世紀～五世紀ごろ）

パレスチナはそのころローマ帝国の支配下《しはいか》にあり、ユダヤ教が信仰《しんこう》されていました。キリスト教は、ユダヤ教を改めるイエスの活動からうまれました。世界《せかい》をつくった唯一《ゆいいつ》の神の愛は、富めるものにも貧しいものにも平等に注《そそ》がれるとして、となりの人を愛するように説いたのです。

はじめキリスト教は、社会を乱すものとして民衆やローマの皇帝などから何度も迫害《はくがい》を受けました。しかし、弱いものや病人、差別された人びとをも平等に救おうとするその教えは、奴隷や女性や貧しい人びとを中心にローマ帝国に広まります。

四世紀になるとその勢《いきお》いは無視《むし》できなくなり、ついにコンスタンチヌス帝はキリスト教を認《みと》めました。さらに、テオドシウス帝はほかの宗教《しゅうきょう》の礼拝《れいはい》を禁じて、キリスト教をローマ帝国の国教としました。こうして、一神教のキリスト教と政治が結びついた世界ができあがったのです。

❸ 中世の
封建《ほうけん》社会と
十字軍

中世の人は封建制にしばられていた

●教会の拡大《かくだい》と封建社会の発達
（四世紀〜一五世紀）

四世紀には北からゲルマン人が西ヨーロッパに侵入《しんにゅう》し、いくつもの国ができます。その影響《えいきょう》でローマ帝国《ていこく》はビザンツ（東ローマ）帝国と西ローマ帝国とに分かれ、キリスト教会も、東のギリシア正教会と西のローマ＝カトリック教会とに分裂《ぶんれつ》します。

まもなく西ローマ帝国が滅亡《めつぼう》し、その後にゲルマン系のフランク人が、今のドイツ、フランス、イタリアのもとになるフランク王国をつくりました。

その後、イスラーム勢力《せいりょく》やノルマン人の侵入を受け、混乱《こんらん》した西ヨーロッパでは、生命や財産《ざいさん》の保護を求めて、騎士《きし》は諸侯《しょこう》に、諸侯は国王に忠誠《ちゅうせい》を誓《ちか》い、軍事的に奉仕《ほうし》する義務《ぎむ》を負うようになります。そのかわり荘園《しょうえん》を与《あた》えられ、そこで働く農奴《のうど》を支配《しはい》して収穫物《しゅうかくぶつ》や税金《ぜいきん》をとりたてました。

荘園は、領主《りょうしゅ》である騎士（王や諸侯の臣下）の館とローマ＝カトリック教会の末端《まったん》となる教会が中心となって、そのまわりを畑や牧草地が囲《かこ》んでいました。農民は基本的《きほんてき》に領主の土地を離れることはできない農奴で、移動の自由はなく、領主や教会に労働や税を納《おさ》めました。ただし農奴は、古代の奴隷《どれい》と違《ちが》って、ある程度《ていど》財産を持ったり結婚《けっこん》したりできました。

このように、中世ヨーロッパ社会では、人びとは主従《しゅじゅう》関係と荘園を基礎《きそ》とする封建社会の中で暮《く》らしました。また、この時代の国家は、領主の独立性《どくりつせい》が強く、国境内の国民を一律《いちりつ》で治める近代国家とは大きくことなるものでした。

中世の荘園では、ほぼ自給自足の自然経済が行われた。領主が君主などから貸し出された土地には、耕作をするための農民（農奴）もふくまれていた。

イスラーム教が地中海に広がる

●イスラーム教の進出と十字軍（七世紀～一三世紀）

八世紀、ローマ＝カトリック教会は勢力を広げていたフランク王国のカール大帝を「ローマ皇帝《こうてい》（インペラートル）」と認《みと》めて、世俗《せぞく》の権力《けんりょく》とむすびつき、西ヨーロッパ世界に大きな影響を及《およ》ぼすようになっていました。

一方、七世紀のアラビア半島には、ムハンマド（マホメット）があらわれ、ユダヤ教やキリスト教の教えを受け継《つ》いで、同じ唯一《ゆいいつ》の神アッラーを信仰するイスラーム教をおこします。

イスラーム教徒はビザンツ帝国と争《あらそ》って西アジアや北アフリカをおさめ、さらにイベリア半島に渡って地中海の大半をおおうイスラーム世界を築《きず》きました。

一一世紀になるとキリスト教徒は、イスラーム教徒にうばわれた聖地エルサレムを取り戻《もど》すなどの理由で、一三世紀まで計8回にわたり中東に十字軍を派遣《はけん》します。

その背景《はいけい》には、ギリシア正教会との再統一によって世俗《せぞく》の権力に対する権威《けんい》を確立《かくりつ》したいローマ教皇、新たに領土や戦利品《せんりひん》の獲得《かくとく》を求める国王や諸侯、貿易《ぼうえき》によって商業的利益《りえき》を拡大《かくだい》したいイタリアの各都市など、さまざまな勢力の動機がからんでいました。

十字軍は結局失敗に終わり、ローマ教皇の権威が揺《ゆ》らぎ、指揮をした国王らの力が強まりました。また、東方との貿易によってイタリアの都市は栄え、ビザンツ帝国やイスラーム世界の高い文化が流れ込《こ》み、その結果、忘《わす》れていたギリシア・ローマ文化を見直す運動（ルネサンス）につながりました。

キリスト教は、この後、宗教改《かい》革《かく》によってローマ＝カトリック教会からプロテスタントが分かれ、両者の長い対立がはじまります。

十字軍は、聖地を取り戻すことを建前としていたが、現実には領土を得ることや貿易の拡大なども目的であった。進んだイスラーム文化はヨーロッパに大きな影響を与え、中世社会が崩壊するきっかけとなった。

マグナ・カルタは制定後しばらくして、忘れられてしまった。しかし、イギリス人の自由の伝統を象徴する文書として17世紀に見直され、イギリスを「法の支配」にみちびく大きな役割を果たした。

「人の支配」から「法の支配」へ

●「法の支配」と議会の権利《けんり》（一三世紀〜）

一三世紀のイギリスでは、ジョン王が封建領主《ほうけんりょうしゅ》の頂点に君臨《くんりん》していました。王はフランス西部も領《りょう》有《ゆう》していましたが、フランス国王との戦《たたか》いに敗《やぶ》れ、また、当時強大な力を持っていたローマ教皇《きょうこう》とも対立して領地《りょうち》を失ったため、貴族《きぞく》などに重税《じゅうぜい》をかけるようになりました。

すると、貴族たちは結束《けっそく》して国王にせまり、「マグナ・カルタ（大《だい》憲章《けんしょう》）」を王に認《みと》めさせました。そこには、これまでの慣《なら》わしを勝手に変えて、税金をあらたに取り立てたり、むやみに人を逮捕《たいほ》したりしませんといったことが約束されていました。

これは、たとえ支配者といえども、古くから慣習《かんしゅう》とされている法にはしたがわなくてはならないということを確認《かくにん》した、画期的なものです。

一七世紀になると、イギリスは「イギリス革命《かくめい》（清教徒《せいきょうと》革命と名誉《めいよ》革命）」を成し遂《と》げ、その過程《かてい》で議会は「権利の請願《せいがん》」や「権利章典」といった政治文書や法律《ほうりつ》を制《せい》定《てい》して、王に認めさせます。これらによって、国民の生命・財産《ざいさん》の保護や、議会の権利が保障《ほしょう》されるようになりました。イギリスでは現在《げんざい》でも、これらの文書がさまざまな慣習とともに、実質的な憲法をつくっています。

マグナ・カルタや権利の請願、権利章典といった文書を王に認めさせたことで、権力を法でしばり、人がほしいままに権力を使うことを防ぐ「法の支配」の考えが定着します。ここから、憲法《けんぽう》を制定して権力をしばる「立憲主義」という、近代国家にとってもっとも大切な考え方（→16ページ）が育ってくるのです。

宗教《しゅうきょう》戦争《せんそう》が「近代主権国家」をつくった

●宗教改革《かいかく》と主権国家の成立（一六世紀～一七世紀ごろ）

たびかさなる十字軍の失敗《しっぱい》によって、ローマ教皇の力は弱まり、教会や諸侯《しょこう》の力も衰《おとろ》えました。一六世紀になり、ローマ＝カトリック教会を批判《ひはん》するルターやカルヴァンが宗教改革をはじめると、その運動はまたたく間にヨーロッパに広がりました。

一方で、王は大商人と結びついて軍隊《ぐんたい》を強化し、諸侯や騎士《きし》の領地を没収《ぼっしゅう》して、中央集権的な王国をつくっていきます。

イギリスでは、イギリス国教会がローマ＝カトリック教会から独立し、エリザベス1世のときに、スペインの無敵艦隊《むてきかんたい》を破って海外に進出して、力を誇《ほこ》りました。

やがて、ドイツをおもな舞台にして、プロテスタント（新教徒）とカトリック（旧教徒）が入り乱《みだ》れて争《あらそ》う、三十年戦争がはじまりました。最大《さいだい》の宗教戦争といわれるこの戦いを続ける中で、これまであいまいだった国境や、地域《ちいき》で使われる言葉、政治のしくみなどが、しだいにはっきりと国ごとに分かれるようになりました。

一六四八年、結局ヨーロッパ全体を巻き込《こ》んだ三十年戦争が終わり、ウェストファリア条約《じょうやく》が結ばれます。この条約が結ばれたことで、「国家」は互《たが》いに対等で、領土を尊重《そんちょう》し合い、互いの国の政治には干渉《かんしょう》しないという、約束《やくそく》ができあがりました。わたしたちがふだん「国」と呼《よ》んでいる「近代主権国家」は、このときにその姿《すがた》が定まったのです。

主権国家とは、国境による領域があって、その中に国民が暮《く》らし、国を治める絶対的《ぜったいてき》な権力、つまり、主権がはっきりとしている国をさします。

「主権」は最初《さいしょ》、「神から与《あた》えられた神聖《しんせい》なもの」（王権神授説）として、王が持っていました。わたしたちが憲法を手に入れる歴史《れきし》は、この主権をめぐる人びとの戦いの歴史でもあります。

三十年戦争によってドイツは国土が荒れ果て、さまざまな地域に分裂したため、イギリスやフランスとくらべ近代化が大きく遅れることになった。

5 市民革命と基本的人権《きほんてきじんけん》

「基本的人権」を宣言《せんげん》した市民革命《かくめい》

●アメリカ独立《どくりつ》革命、フランス革命と基本的人権（一八世紀）

一八世紀のアメリカ大陸《たいりく》では、清教徒《せいきょうと》たちがイギリスから渡り、13の植民地をつくっていました。それぞれ議会を持っていましたが、本国からの圧力《あつりょく》に不満《ふまん》をつのらせて、後に合衆国初代大統領《だいとうりょう》となるワシントンを総司令官《そうしれいかん》にして独立戦争《せんそう》をはじめます。

一七七六年、人間の平等・自由・幸福《こうふく》の追求、抵抗《ていこう》する権利《けんり》などを記した「独立宣言」を発表し、

アメリカ独立戦争のはじめとなったレキシントンの戦い（1775年）。独立を主張する愛国派（パトリオット）とイギリス軍が戦闘となり、イギリス軍は大きな打撃を受けた。

一七八七年には、アメリカ合衆国《がっしゅうこく》憲法《けんぽう》を制定《せいてい》しました。これは、世《せ》界《かい》で最初《さいしょ》に「法の支配《しはい》」（↓16ページ）を掲《かか》げた、正式な文章による憲法（成文憲法）でした。

一方フランスでは、国王ルイ16世のもとで、貴族《きぞく》や聖職者《せいしょくしゃ》といったわずかな特権階級が土地と権利を独占《どくせん》し、農民や商工業者などの平民には重い税金《ぜいきん》がかけられていました。不満をつのらせた平民は、

一七八九年、国民議会を結成し、ついに革命となりました。

そして、国民議会は、自由・平等・国民主権を宣言した有名な「人権宣言」（人間と市民の権利の宣言）を採択《さいたく》、王政は廃止《はいし》されました。

○

イギリス、アメリカ、フランスの国民が起こした市民革命によって、国を治める最高《さいこう》の権力、つまり主権は、国王から国民へと移りました。主権を手に入れたことで、国民は憲法を定める力を持ったのです。

「独立宣言」や「人権宣言」では、自由や平等などの人びとの権利は、国ができるずっと前から人間にそなわっている「基本的人権」であると宣言しています。

基本的人権とは、「すべての個《こ》人《じん》が生まれながらにして持っているとされる、ほかの人にはゆずりわたすことのできない権利」のことです。

1789年7月14日。パリ市民は政治犯が収容されていたバスチーユの牢獄を襲撃し、フランス革命がはじまった。

「人権は国家が与《あた》えたものではないので、国家は人権を侵害《しんがい》することができない」

長い年月をかけて、ようやく人間は、個人と国家の関係をひっくり返しました。そして、近代憲法を打ち立てて、個人の尊《とうと》さをそこに刻《きざ》んだのです。

「基本的人権」と「社会契約説《けいやくせつ》」
——近代憲法のもとになった考え——

市民革命によって、すべての人が自由になったわけではありません。先進国でも女性が政治に参加できるようになったのは、二〇世紀以降《いこう》のことで、いまだに多くの国で、性別、階級、人種などによる自由の制限《せいげん》が残されています。

しかし、人間のたどってきた道のりは、革命や戦争をくりかえし、いろいろな制度《せいど》を試《ため》したり失敗《しっぱい》したりしながらも、一人でも多くの人が自由を手にしようと闘《たたか》ってきた歴史だ、といえそうです。

近代的な憲法は、中世のマグナ・カルタをきっかけにして、権利の請願《せいがん》、権利章典、アメリカ独立宣言、フランス人権宣言などから誕《たん》生《じょう》します。それらができる過程《かてい》で、個人の自由を守ることこそが国の役目であるという「自由主義《しゅぎ》」が広がり、近代の民主主義全体に流れる大きな思想となるのです。

・一人ひとりは、国家ができる前から生命・自由・財産《ざいさん》についての権利（自然権《しぜんけん》）を持っている。
・それらは侵《おか》すことができない基本的な権利（「基本的人権」→12ページ）である。
・一人ひとりの基本的人権を守るために、国民は互《たが》いに契約をむすんで国家をつくる必要《ひつよう》がある。

自由主義的な憲法や宣言を理論《りろん》的《てき》に支《ささ》えたこのような考えを「社会契約説」といいます。

市民革命に影響《えいきょう》を与えた3人の思想家たち

一六世紀、宗教《しゅうきょう》改革によって今までとは違《ちが》うキリスト教の教え（プロテスタント）が示《しめ》されると、どちらの教えを信じたらよいか、ヨーロッパは大混乱《だいこんらん》に陥《おちい》りました（→11ページ）。当時の人にとって、宗教とは世界そのもので、そこで暮《く》らすのが当たり前の大きな家のようなものだったからです。

このような時代の中で、社会契約説を説《と》いて、市民革命に影響を与えた3人の思想家を紹介《しょうかい》します。

トマス・ホッブズ（1588～1679年）

イギリス人のホッブズは、『リバイアサン』という書物をあらわし、「人はまず何よりも自分の命を大切にするものだ」、ということから考えはじめました。つまり、人間は、自分の命やからだを自分で守る権利を生まれながらに持っている、ということです。この生まれながらにして持っている権利を、「自然権」といいます。

しかし、それぞれの人が自然権を振《ふ》り回すと、互いに殺《ころ》し合うことになりかねません。そうなると、自然の状態《じょうたい》は「万人の万人に対する闘い」になってしまいます。

そこで、ホッブズは、まず、平和に暮らしたいという心の声にしたがうべきだと考えます。そして、人びとは契約をむすんで、それぞれが持つ自然権を放棄《ほうき》してその力を集め、それ（主権）を一人（王）、あるいは一定の人（政府）にゆずり渡して、国民はその命令にしたがうべきだと説きました。そうすれば、個人の命や安全を保障《ほしょう》する法律が制定されて、みんながその法律にしたがって暮らすことで、「万人の闘い」の状態から抜《ぬ》け出すことができると考えたのです。

ジョン・ロック
（1632〜1704年）

次に出たイギリスのロックは、絶対王政《ぜったいおうせい》がよりどころとした王権神授説《おうけんしんじゅせつ》(→11ページ)を否定《ひてい》し、『統治論《とうちろん》』という著書《ちょしょ》で、国民主権による民主主義《しゅぎ》の基本的《きほんてき》な考えを確立《かくりつ》しました。

人間は自然権として、生命だけでなく、健康、自由、財産《ざいさん》の四つの権利を持ち、平和に理性的に暮《く》らせると、ロックは考えました。

しかし、万一この自然権が侵害《しんがい》された場合に、法律《ほうりつ》や裁判所《さいばんしょ》によってそれを裁《さば》かなくてはなりません。そこで、各人《かくじん》の自然権の一部を集めて社会契約《けいやく》をむすび、政治社会（議会）をつくって政府（内閣《ないかく》）に権力をゆだねるという、後にモンテスキューが提唱《ていしょう》した三権分立（→第1巻36ページ）につながるしくみを考えました。これは、内閣が議会に責任《せきにん》を負うという、今の日本の議院内閣制にも受け継《つ》がれる考えです。

さらにロックは、もし政府が国民の意見を聞かずに、その生命や財産や自由をうばうようなことがあれば、権力者をやめさせたり、政府を変更《へんこう》したりできるとしました。これは、抵抗権《ていこうけん》（革命権《かくめいけん》）といわれ、イギリスの名誉《めいよ》革命を正当化し、アメリカ独立《どくりつ》革命を支《ささ》える考えになりました。

ジャン＝ジャック・ルソー
（1712〜1778年）

フランス人のルソーは、ホッブズやロックより少し後の人で、『社会契約論』や『人間不平等起源《きげん》論』などをあらわしました。

ルソーは、自然状態《じょうたい》では人間は完全に自由で平等であり、だれでも、社会全体の利益《りえき》と幸福《こうふく》をめざす意思を持っていると考えました。

ところが最初《さいしょ》は平和に暮らしていても、文明が進んで自分の財産を主張する人などが出てくると、争《あらそ》いがはじまり、やがていたるところで人は鎖《くさり》につながれ、不平等な社会ができあがってしまったというのです。

ルソーが暮らしたフランス社会は、ホッブズやロックが生きていたころのイギリス社会よりも文明が進んでいたので、ルソーはより悲観的に社会を見ていました。

そこでルソーは、もともと人間の善意《ぜんい》でできていた社会をとりもどすために、ある方法を考えました。それはまず、個人《こじん》と社会の両方を考えることのできる人びとが、それぞれ契約をして政治社会（議会）をつくります。そして、それぞれが十分に情報《じょうほう》を持って話し合い、しかも何を支持《しじ》するか互《たが》いにわからないように投票して、その多数決によって物事を決めればよいというのです。

そうすれば、あの人がそう言っているから票を入れようということもなく、個人の善意の集まりがその決定にあらわれるというのです。そして、その決定にしたがって法や秩序《ちつじょ》をつくれば、よい社会ができると説《と》いたのです。

このようなルソーの思想は、市民による普通選挙《ふつうせんきょ》を実施《じっし》して、国民主権の政治を行うべきだと理解され、後のフランス革命に大きな影響《えいきょう》を与《あた》えました。

○

ここに紹介《しょうかい》した社会契約説は、現実の社会にあてはめるにはむずかしいものもふくまれています。しかしそこには、わたしたちの日本国憲法《けんぽう》を支える、立憲主義、国民主権、基本的人権《じんけん》の尊重《そんちょう》、平和主義といった、基本的なアイデアが、すべてふくまれているのです。

第1章
主役はわたしたち一人ひとり……
「自由」と憲法

「自由」は国を支配する一部の人たちのものから、市民革命によってより多くの人びとのものへと広がりました。

憲法は、わたしたちの自由を保障《ほしょう》するきまりです。

立《りっ》憲《けん》主《しゅ》義《ぎ》ってなに？……人の支《し》配《はい》から法の支配へ

どんなに偉《えら》い人でも、勝手にルールを変えてはいけない（法の支配）

イギリスの「マグナ・カルタ」や、「アメリカ合衆国《がっしゅうこく》憲法」、フランスの「人権宣言《じんけんせんげん》」など、今でも世界の手本となっている憲法や宣言は、自由を求める長い戦《たたか》いの中で、人びとが勝ち取ってきたものでした（→10・12ページ）。

そのもっとも大切な決まりを、一言でいうと、

「どんなに偉い人でも、勝手にルールを変えてはいけない」

ということです。つまり、支配者といえどもきちんと法にしたがう社会でなければ、それぞれの人は幸せになれないというわけです。

これを「法の支配」といいます。

「法の支配」が支持《しじ》される理由の一つには、国王などの権力者がルールによらずほしいままに国を治める「人の支配」は、かならず間違《まちが》いを起こす、という歴史から学んだ真実があります。これは、「基本的人権《きほんてきじんけん》」（→18ページ）を支える原理にもなっています。

人の支配から法の支配へ

個人の自由を大切にするために、国ができないことを決めておく（立憲主義）

基本的人権は、いいかえると、

「人はもともと一人ひとりみんな自由で、それはだれもうばえないとても大切なことだ」

ということです。

巻頭で歴史《れきし》をたどって見てきたように、人類《じんるい》は長い年月をかけてこの考えを見つけ出し、市民革命《かくめい》を経《へ》てようやくこれを「憲法」という形にしました。

しかし実際《じっさい》の政治は、主権者である国民の権力を政府にあずける形で行われます。このとき、政府が決めたことによって、国民の基本的人権が侵害《しんがい》されてしまうかもしれません。そこで、憲法を定めて、国がしてはいけないことを決めておくことが必要《ひつよう》なのです。

「一人ひとりを大切にするために、国がしてはいけないことを決めておく」

個人の自由を大切にするために、基本的人権を掲《かか》げた憲法をつくり、国家による権力の行使に制《せい》限《げん》をかける。この考え方を「立憲主義」といいます。

わたしたちの日本国憲法や、現《げん》在《ざい》ある多くの自由主義国家の憲法は、この立憲主義にもとづいて定められています。

「憲法は政府をつなぐ鎖《くさり》」

トマス・ジェファソン

アメリカの独立《どくりつ》宣言を起草し、第３代の大統領になったトマス・ジェファソンは、「自由な政府は、信頼《しんらい》ではなく疑《うたが》いの上に建設される……それゆえ、悪いことをしないように憲法の鎖で政府をつないでおかなければならない」と言ったそうです。

「人権《じんけん》」とは、「人にとって当然のこと」

〈日本国憲法《けんぽう》　前文より〉
「……ここに主権が国民に存《そん》することを宣言《せんげん》し、この憲法を確定《かくてい》する」

国民主権の「主権」とは

「国民主権」「基本的人権《きほんてきじんけん》」などの「権」とは、権利《けんり》のことです。英語でいうと、right（ライト）という単語《たんご》になります。これはもともと、「正しい」「正義《せいぎ》の」「正当な」「当然だ」という意味の言葉です。

　自分の権利を主張するとき、「自分勝手」や「わがまま」だと思われないか心配して、ためらう人がいます。そんなときには、権利は、もともと「正しい」「当然だ」という意味であることを思い出してみましょう。

　日本国憲法は、「国民主権」、「基本的人権の尊重《そんちょう》」、「平和主義《しゅぎ》」の三つの原則を掲《かか》げています。

　「主権」とは、国家の政治を最《さい》終的《しゅうてき》に決定する「権利」のことです。その権利を行使する正式な力が「権力」なのです。

　かつて王や天皇《てんのう》が持つとされていたこの権利は、欧米《おうべい》の国では市民革命《かくめい》によって、日本ではポツダム宣言《せんげん》を受諾《じゅだく》し、今の日本国憲法を制定《せいてい》したことによって、国民のものになりました。

　この主権を使って、基本的人権の尊重や平和主義を実現していこうというのが、わたしたちの憲法の主張なのです。

第一一条　国民は、すべての基本的人権の享有《きょうゆう》を妨《さまた》げられない。この憲法が国民に保障《ほしょう》する基本的人権は、侵《おか》すことのできない永久《えいきゅう》の権利として、現在《げんざい》及《およ》び将来《しょうらい》の国民に与《あた》へられる。

基本的人権の「人権」とは？

「基本的人権」は、たんに「人権」ともいわれ、二つはほぼ同じ意味です。

12ページでは、基本的人権を「すべての個人《こじん》が生まれながらにして持っているとされる、ほかの人にはゆずりわたすことのできない権利」だと説明しましたが、憲法第一一条には、「……侵すことのできない永久の権利……」と書かれています。このような権利は、「自然権」とも呼《よ》ばれ、国家権力によってもうばうことができないとされるものです。

権利とは「正しい」「当然だ」という意味でした。人権とは「人の権利」ですから、「人にとって当然のこと」ということになります。

日本国憲法に書かれている権利をいくつか短く並べると、

・幸福《こうふく》を追求する（第一三条）
・差別されない（第一四条）
・自由に考える（第一九条）
・好きな宗教《しゅうきょう》を信じる（第二〇条）
・自由に表現《ひょうげん》する（第二一条）

といったことです。これらは、人間として当然のことなので、憲法に掲げて、国民に保障します、ということです。

この第一一条では「……基本的人権は、侵すことのできない永久の権利として、現在及び将来の国民に与へられる」と書いてあります。

つまり「将来の国民」にまで基本的人権を保障しています。ということは、もし将来憲法を変える場合でも、基本的人権を制限するような憲法には変えられませんよ、と政府に釘《くぎ》をさしているのです。

基本的人権がどれほど大切なものか、この条文でもわかります。

「個《こ》人《じん》の尊《そん》重《ちょう》」という原理が人《じん》権《けん》を支《ささ》える

第一三条　すべて国民は、個人として尊重される。生命、自由及《およ》び幸福《こうふく》追求に対する国民の権利《けんり》については、公共の福祉《ふくし》に反《はん》しない限《かぎ》り、立法その他の国政の上で、最大《さいだい》の尊重を必要《ひつよう》とする。

一人ひとりを大切にする

憲法《けんぽう》第一三条にある「すべての国民は、個人として尊重される」とは、どういうことでしょう。

ここでは、自由の国中学校2年1組、山本憲太くんを例に考えてみましょう。

彼《かれ》は、図書委員でサッカー部のレギュラーです。お父さんは会社員で、お母さんはいません。

日本国憲法は、この山本憲太くんは個人として尊重されるといっています。だれが憲太くんを尊重するかというと、それは日本という国、つまり、政府です。

しかし、尊重されるのは、2年1組だからでも、図書委員だからでも、サッカー部のレギュラーだからでもありません。お母さんがいないからでもありません。

尊重されるのは、なんの飾《かざ》りもないただ一人の山本憲太くん、その人です。

何かを持っているからでもなく、どこかの「集団」に属《ぞく》しているからでもなく、ただその人であるというだけで大切にされるというのが、「個人の尊重」の意味です。

もちろん、これはほかのだれについても同じです。

どんな人でも一人ひとりが尊重される……、ということは、それぞれが違《ちが》っているけれどみんなが尊重される、つまり「みんな違って、みんないい」ということになります。

日本国憲法が保障《ほしょう》するいろいろな人権は、この「個人の尊重」という原理からうまれたものです。

これは「個人主義《しゅぎ》」ともいいます。人類は長い年月をかけて、一人ひとりこそが大切だという、この個人主義の原理にたどりついたのです。

公共の福祉《ふくし》と人権

憲法第一三条は続いて、「……国民の権利については、公共の福祉に反しない限り、……最大の尊重を必要とする」といっています。つまり、わたしたちの権利は、無《む》制限《せいげん》に尊重されるわけではなく、「公共の福祉」に反した場合は、その権利は制限されることがありますよ、ということです。

では、「公共の福祉」とはどんなことでしょうか。

今度は、ブラスバンド部で演奏《えんそう》曲を決めるミーティングの場面を考えてみましょう。

部員がそれぞれ勝手に演奏したい曲を主張し合っていると、ミーティングが進みません。時間が無《む》駄《だ》になり、部員に不満《ふまん》がたまり、部の雰囲気《ふんいき》が険悪《けんあく》になりますね。このようなとき、「公共の福祉」を理由として、意見を述《の》べる権利が制限されるのです。

ただし、ここで気をつけてほしいのは、「公共の福祉」とは具体的にはどんなことか、いつも考えてほしいということです。

アジア・太平洋戦争《せんそう》中は、「お国のため」という名目で、人が強《きょう》制的《せいてき》に戦争に行かされました。一人ひとりの幸福や生命というもっとも大切な権利が、「お国」という見えないものに、うばわれてしまったのです。もし、憲法第一三条の「公共の福祉」の「公共」を、「お国」のようなものだと考えてしまうと、いつのまにか戦場に行かされて、一人ひとりの人権がうばわれてしまうことになります。

ブラスバンド部のミーティングで、曲を主張する発言が制限されるのは、だれかほかの部員が発言する機会がなくなったり、ミーティングの後に一人ひとりが使えるはずの自由な時間が失《うしな》われたりして、「具体的なそれぞれの人に迷惑《めいわく》をかける」からです。ほんとうにクラブの結束を保つためには、まず、一人ひとりの権利をしっかり守ることを考える必要《ひつよう》があります。

人権を制限できるのは、別の人権だけです。一人ひとりの人権がぶつかり合うときに、それを公平に調整する原理を「公共の福祉」と呼《よ》んでいます。

○

「個人主義」と聞いて、わがままな人を連想するのは間違いです。

個人主義は、自分も相手の人も分けへだてなく、それぞれの人間をそのまま一人ずつ尊重します。そうしてはじめて、ほかの多数の人と同じように、少数のものや弱いものの人権を保障することができるからです。

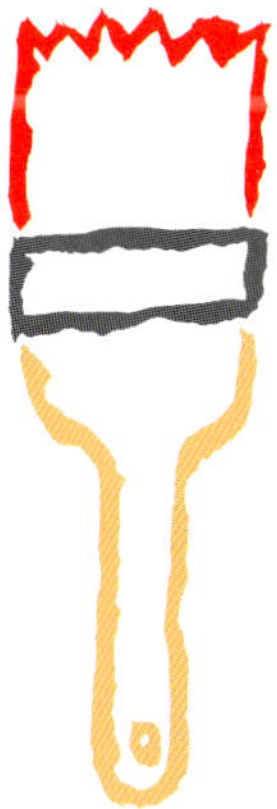

憲《けん》法《ぽう》が保《ほ》障《しょう》する三つの自由

第一三条　すべて国民は、個《こ》人《じん》として尊《そん》重《ちょう》される。生命、自由及《およ》び幸《こう》福《ふく》追求に対する国民の権《けん》利《り》については、公共の福《ふく》祉《し》に反《はん》しない限り、立法その他の国政の上で、最《さい》大《だい》の尊重を必《ひつ》要《よう》とする。

人権をまとめて保障する第一三条

わたしたちの自由は、一人ひとりを大切にする「個人主義《じゅぎ》」によって支《ささ》えられていることがわかりました。

さてここで、もう一度第一三条を読んでみましょう。ここでは個人の尊重の次に、「生命、自由及び幸福追求に対する国民の権利」とあります。これは、「幸福追求権」と呼《よ》ばれるものです。

人が生きて、それぞれの自由と幸せを求めることは、公共の福祉（→21ページ）に反しない限り、国の政治は最大にそれを尊重する、ということです。

自由と幸せを求めるのは、人として当然のことですから、この幸福追求権とは、尊《そん》厳《げん》ある個人として生きていくために必《ひつ》要《よう》な、すべての人権をまとめて示《しめ》しているともいえます（包《ほう》括《かつ》的《てき》基《き》本《ほん》権《けん》）。

たとえば、肖《しょう》像《ぞう》権《けん》やプライバシー権など、憲法の条文に書かれていない新しい人権については、この幸福追求権の一つとして保障されます（→第3巻38ページ）。

憲法第一三条が、人権を保障したもっとも重《じゅう》要《よう》な条文だといわれるのは、そのためです。

人権は大きく分けて三種類

憲法では、多くの条文で基本的《きほんてき》人権や国民の義務《ぎむ》が定められていますが（↓24ページの表）、人権については、おもに第三章の「国民の権利及び義務」にまとめられています。人権の条項は人びとの自由を保障したものですが、その自由は、性質によって大きく次の三つに分けられます。

自由権（国家からの自由）

多くの人権の中心にあるのは、自由権です。自由権には、思想の自由、信教の自由、表現《ひょうげん》の自由、苦役《くえき》からの自由、職業選択《せんたく》の自由、財産《ざいさん》の自由などがふくまれます。

一人ひとりの自由は、時におびやかされることがあります。憲法がつくられるようになった歴史《れきし》を考えると、この自由権は、国家からの干渉《かんしょう》を取り除《のぞ》いて、個人の自由を保障するものだということがわかります。そのため、自由権は「国家からの自由」とも呼ばれます。

自由権はさらに、「精神《せいしん》の自由」（↓37ページ）「経済《けいざい》の自由」（↓25ページ）「身体の自由」（↓43ページ）に分けることができます。

参政権（国家への自由）

参政権とは、国会議員をはじめとする公務員を選《えら》ぶ選挙権《せんきょけん》や、立《りっ》候補《こうほ》できる被選挙権などのことです。国の政治へ参加する権利ですから、参政権は「国家への自由」とも呼ばれます。参政権は、民主主義を支えるおおもとの権利ですが、その民主主義はあくまで、この前に述《の》べた「自由権（国家からの自由）」を手に入れるための手段です。ですから、参政権と自由権は切っても切れない関係にあります。参政権については、第3巻の第3章でくわしく解説《かいせつ》します。

社会権（国家による自由）

国家から自由になるということは、同時に、自分で責任《せきにん》を持って生きていくということでもあります。人によっては、これはなかなかきびしいことです。

そうした中で、病気で仕事につけない、経済的《けいざいてき》な理由で進学ができないなど、最低限《さいていげん》の水準《すいじゅん》の生活すらむずかしい人も出てきます。

日本国憲法では、このようなことがないように、「健康で文化的な最低限度の生活」を国家が保障し、国民はそれを要求《ようきゅう》することができます（第二五条）。

このような権利を「社会権」といい、「国家による自由」とも呼ばれています。社会権については、第3巻の第2章でくわしく解説します。

三種類の人権

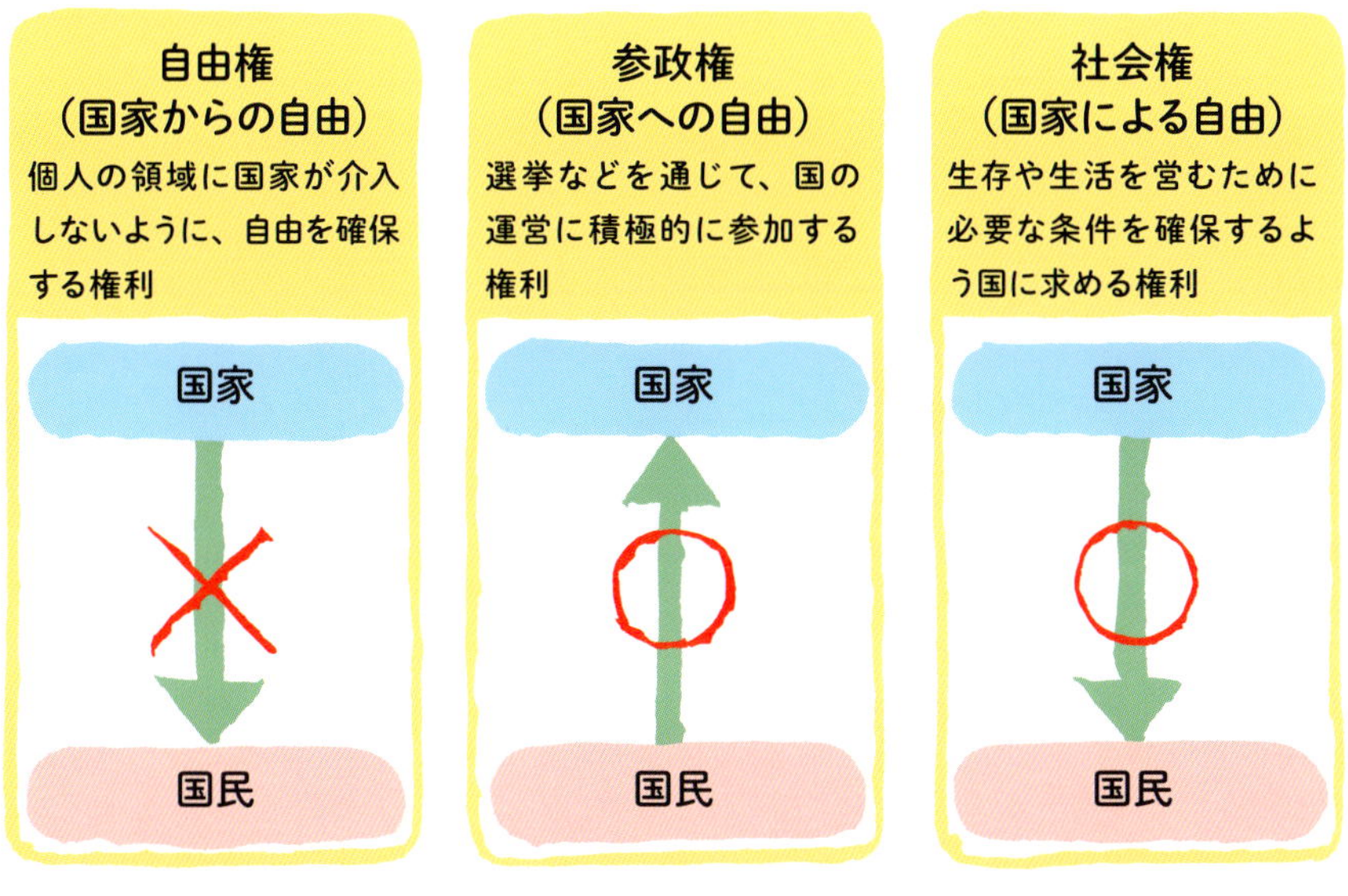
自由権
（国家からの自由）
個人の領域に国家が介入しないように、自由を確保する権利
国家
国民
参政権
（国家への自由）
選挙などを通じて、国の運営に積極的に参加する権利
国家
国民
社会権
（国家による自由）
生存や生活を営むために必要な条件を確保するよう国に求める権利
国家
国民

第一二条　この憲法《けんぽう》が国民に保《ほ》障《しょう》する自由及《およ》び権利《けんり》は、国民の不《ふ》断《だん》の努力《どりょく》によつて、これを保持しなければならない。又《また》、国民は、これを濫用《らんよう》してはならないのであつて、常に公共の福祉《ふくし》のためにこれを利用《りよう》する責任《せきにん》を負ふ。

人権は自分たちが守り、つくるもの

憲法には、国民の自由や権利を保障する条文がたくさんありますが、国民の義務《ぎむ》を書いた条文はわずかしかありません。それは、17ページでも説明したように、憲法は、国民に向けて書かれているわけではなく、国の権力（政治をする人）に向けて書かれているからです。

そうかといって、国民は何もせずに、自由に過《す》ごすことが永久《えいきゅう》に保障されるというわけではありません。憲法第一二条では、国民は不断の努力によって、手に入れた自由や権利を守り、発展させなければいけないと書いてあります。

わたしたちは長い歴史の中で、少しずつ自由が及ぶ範囲《はんい》を広げてきたのです。権力者は常に国民の自由を制限《せいげん》しようとします。ですから、国民は、日常生活の中で常に人権を主張《しゅちょう》し、実際《じっさい》に権利を使うことによって、自由を確保《かくほ》しなければなりません。

もちろん、21ページの公共の福祉で述《の》べたように、ほかの人権とぶつかったときは、互《たが》いに自由をゆずり合い、できるだけ公平に調《ちょう》整《せい》することが大切です。

憲法にある国民の権利と義務

基本的人権の一般原則		11条・97条	基本的人権は一人ひとりが生まれながらにして持つ永久の権利。
		12条	自由や権利を保持する努力をする。乱用はしない。
		13条	個人の尊重と幸福追求権。
平等権		14条	法の下に平等であり、差別されない。
		24条	両性（男女）は平等。結婚の自由。
		44条	すべての人は平等に政治に参加できる。
自由権（国家からの自由）	精神の自由	19条	思想・良心の自由。
		20条	信教の自由。
		21条	集会・結社・表現の自由。
		23条	学問の自由。
	身体の自由	18条	奴隷的拘束および苦役からの自由。
		31条	適正手続きなしで、生命や自由をうばったり、刑罰を科したりできない。
		33条・34条	不法に逮捕・抑留・拘禁されない。
		35条	令状がなければ家や持ち物の捜索はできない。
		36条	拷問および残虐刑の禁止。
		37条	刑事被告人が裁判を受ける権利。
		38条	自分に不利な供述は強要されない（黙秘権）。
	経済の自由	22条	居住・移転・職業選択の自由。
		29条	財産権は保障される。
社会権（国家による自由）		25条	健康で文化的な最低限度の生活を営む権利（生存権）。
		26条	教育を受ける権利。
		27条	勤労する権利。児童の酷使の禁止。
		28条	勤労者の団結権・団結交渉権・団体行動権。
参政権（国家への自由）		15条	公務員を選ぶ・やめさせる権利。
		79条	最高裁判所裁判官を国民審査でやめさせる権利。
		93条	地方公共団体の長・議員の選挙権。
		95条	一つの地方公共団体のみに適用される特別法は住民投票で決める。
		96条	憲法改正についての国民投票をする権利。
請求権（受益権）		16条	国に対して自分の意見や苦情を言うことができる権利。
		17条	公務員の不法行為による損害は賠償を請求できる。
		32条	すべての人は裁判を受けることができる。
		40条	抑留や拘禁の後で無罪になったときは、補償を求めることができる。
義務		26条	子どもに普通教育を受けさせる義務。
		27条	勤労する義務。
		30条	税金を払う義務。

第2章
みんな違《ちが》って、みんないい……
「精《せい》神《しん》の自由」

自由権は、「精神の自由」、「身体の自由」、「経済《けいざい》の自由」と大きく三つに分けられます。

ここでは人間の尊厳《そんげん》のもっとも基本《きほん》にかかわる「精神の自由」について説明をします。

心の中の自由は絶対《ぜったい》 ―思想・良心の自由―

第一九条　思想及《およ》び良心の自由は、これを侵《おか》してはならない。

個人《こじん》の尊重《そんちょう》を支《ささ》える心の中の自由

憲法第一九条のシンプルな一文は、わたしたちの自由を確保《かくほ》するためにとても大切な文章です。

「思想」というとむずかしいと感じるかもしれません。「良心」というと少しドキドキしてしまいそうです。しかし、ここでは、思想も良心も「心の中で思うこと」というくらいの意味で、「内心の自由」ということもあります。「心の中で、何を考えようと、何を想《そう》像《ぞう》しようと自由です。それに対して国家はとやかく言ってはいけません」ということです。

当たり前すぎて不思議に思うかもしれません。しかし、明治憲法《けんぽう》下の日本では、治安維持法《ちあんいじほう》という法律によって、国の体制や天皇の権威《けんい》について反対《はんたい》の意見を持っていそうだと警察《けいさつ》が見なしただけで、その人は逮捕《たいほ》され、しばしば禁止されていたはずの拷問《ごうもん》を受けて、自分の心の中を調べられたのです。

「内心の自由」は、その人が自分らしく生きるために、絶対に保《ほ》障《しょう》されなくてはなりません。これは、憲法の中でもっとも大切な原理である「個人の尊重」(第一三条)を実現するための、基本的《きほんてき》な権利《けんり》です。

この自由は、21ページで紹介《しょうかい》した「公共の福祉」にも制限《せいげん》されません。なぜなら、心の中で何を思っても、ほかの人の人権と衝突《しょうとつ》することはないからです。

では、もし自分の心にあることを、口に出して言ったり、インター

ネットで発信したりしたときはどうでしょう。その場合は、憲法第二一条で保障する「表現《ひょうげん》の自由」の問題になり、ほかの人の権利との調整《ちょうせい》が必要《ひつよう》になる場合がうまれます（→34ページ）。

「沈黙《ちんもく》の自由」

たとえば国から、「あなたは、○○さんの本を読んでいますか」とか、「○○の勉強会に出席しましたか」などと聞かれても、第一九条があるのでそれを言う必要はありません。自分の心の中を話さない自由を、「沈黙の自由」といいます。

江戸時代には、キリスト教の信仰《しんこう》が禁止されていました。幕府《ばくふ》は、隠《かく》れて信仰している人を処罰《しょばつ》するために、マリアなどの像を彫《ほ》った板を踏《ふ》ませる「踏み絵」を行って、その人の心の中を調べ、キリスト教徒を迫害《はくがい》しました。

「沈黙の自由」が保障されている今の日本では、このように人の心の中を強制的《きょうせいてき》に調べることはできません。

国旗と国歌

このことでよく問題になるのが、学校の卒業式などで国旗の「日の丸」を掲《かか》げ、国歌の「君が代」を歌うことが強制できるかという問題です。

公立学校の公式の式典などで、校長先生から、起立して国歌を歌うこと、ピアノで国歌を伴奏《ばんそう》することなどが、仕事として先生方に命令《めいれい》されることがあります。

この命令が、憲法第一九条に違《い》反《はん》しないかが問題になります。

「日の丸」や「君が代」は、アジア・太平洋戦争中に軍国主義《しゅぎ》を進めるために使われたと考え、どうしても支持《しじ》することができないと心の中で思っている人もいます。

もし、ある先生が自分の良心にしたがって、起立しなかったとしたらどうでしょう。その先生は自分の良心にしたがったことによって、心の中を見られてしまうことになります。これは「踏み絵」と同じことです。

この強制が憲法違反の疑《うたが》いがあるのは、「日の丸」や「君が代」だからではありません。強制されるのが「国旗」や「国歌」だからです。歌の内容《ないよう》や旗のデザインは関係ありません。これは、思想・良心の自由という個人の権利が、「国家」という目に見えない権力に侵害《しんがい》されている状態《じょうたい》なのです。

これが、個人を尊重する憲法の精神《せいしん》です。国旗と人権の問題については、35ページのコラムも読んでください。

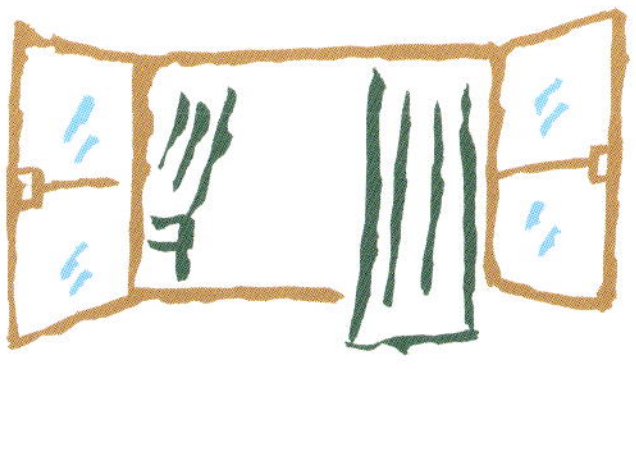

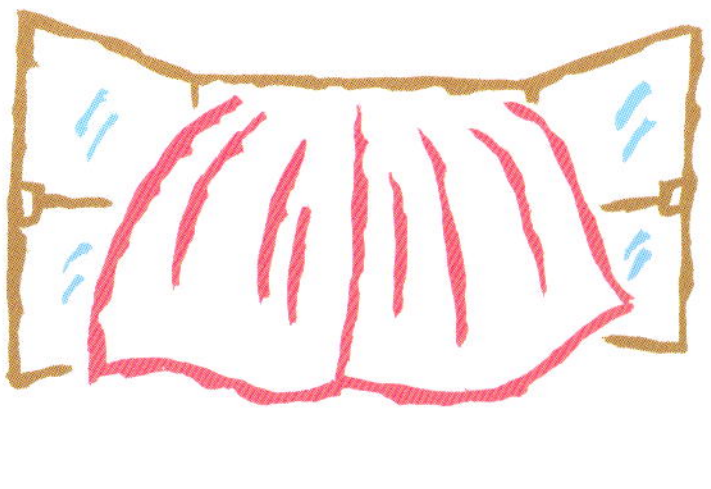

それぞれの世《せ》界《かい》観《かん》を大切にする ―信教の自由―

第二〇条　信教の自由は、何人《なんびと》に対してもこれを保障《ほしょう》する。いかなる宗教団体《しゅうきょうだんたい》も、国から特権《とっけん》を受け、又《また》は政治上の権力を行使してはならない。
○2　何人も、宗教上の行為《こうい》、祝典《しゅくてん》、儀式《ぎしき》又は行事に参加することを強制《きょうせい》されない。
○3　国及《およ》びその機関は、宗教教育その他いかなる宗教的活動もしてはならない。

信教の自由が大切な理由

宗教の教えを教育理念としている学校でないかぎり、教室で宗教の話をすることはあまりないでしょう。日本では、特定の宗教を熱心に信じている若い人は、比較《ひかく》的《てき》少ないのかもしれません。

しかし「信教の自由」は、個人《こじん》の尊重《そんちょう》の基礎《きそ》となる大切な人権です。巻頭《かんとう》でも解説《かいせつ》したように、ヨーロッパの歴史《れきし》を見ると、そもそも憲法《けんぽう》の誕生《たんじょう》が、信教の自由を求める運動と密接《みっせつ》に関係していることがわかります。

明治憲法では、不完全ながら信教の自由が保障《ほしょう》されていましたが、政府は神社神道を「宗教ではない」として、全国民があがめ、敬《うやま》うべき対象である国家神道につ

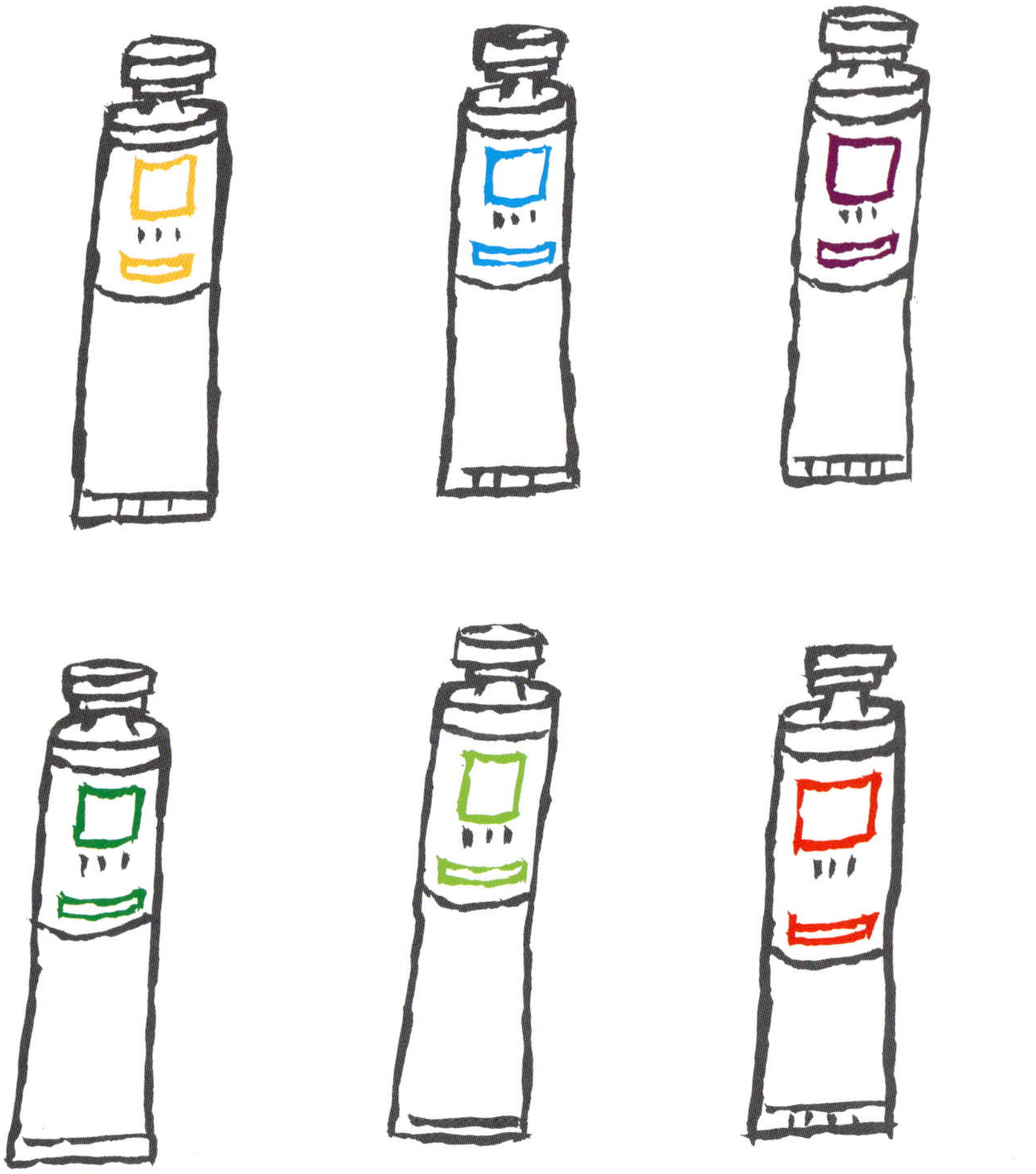

くりかえ、教育勅語《ちょくご》という天皇《てんのう》の言葉を国民教育のよりどころとして、天皇と国家への忠誠《ちゅうせい》を国民に求めました。そして、アジア・太平洋戦争では、戦争を成し遂《と》げるために国家神道の教義が利用されました。

日本国憲法で、「精神《せいしん》の自由」の具体的な権利《けんり》として、最初《さいしょ》に「信教の自由」があるのは、このような歴史をふまえてのことです。

信教の自由の三つの内容

宗教とは、キリスト教のように世界を創造《そうぞう》したとされる「神」や、仏教のように世界をおおう大きな原理や教えなどを信じることであらわれる信念《しんねん》の世界です。信じている人は、信じていない人の世界とは違《ちが》う、宗教的な信念の世界に住んでいるともいえます。

「信教の自由」には、三つの内《ない》容《よう》があります。

一つめは、心の中でどのような神や教えを信じようとも自由だということです。つまり、「信教の自由」は「内心の自由」（→26ページ）の具体的な一例でもあります。もちろん「信じない」のも自由です。

二つめは、教会や寺などの施設《しせつ》をつくって、お祈《いの》りをしたりお経《きょう》をあげたりする宗教的な行いをする自由、しない自由です。

三つめは、宗教団体をつくる自由、団体に参加する自由、それらをしない自由です。

二つめと三つめの信教の自由は、心の中ではなく具体的な行動ですから、何をしてもよいわけではありません。これらの自由には、「公共の福祉《ふくし》」（→21ページ）のところで述《の》べたとおり、「他人に迷《めい》惑《わく》をかけない限り」という制約《せいやく》がともないます。

ぼくの宗教は、剣道《けんどう》をしない！

格技《かくぎ》に参加することを認《みと》めないある宗教を信じていた公立の高等専門《せんもん》学校の生徒が、剣道の授業に参加しなかったために単位がとれず、退学《たいがく》になった事件《じけん》がありました。信仰《しんこう》を捨《す》てるか、その学校で学ぶことをあきらめるか、生徒は選択《せんたく》を迫《せま》られたのです。そこで、退学処分《しょぶん》の取り消しを求めて裁判《さいばん》を起こし、信教の自由が問題になりました。

裁判所は、授業の代わりにレポートの提出などで対応できたのではないかとして、学校が行った退学処分を取り消し、信教の自由を守る判決を出しました。

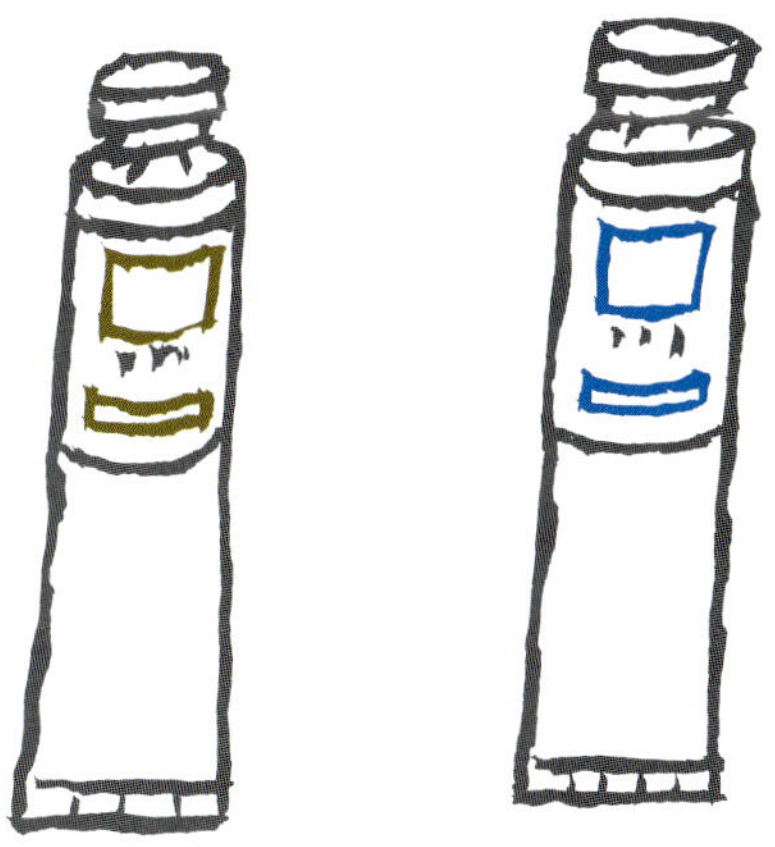

国と宗教《しゅうきょう》は、かかわりを持たないこと

第二〇条一項の後半には、「いかなる宗教団体《しゅうきょうだんたい》も、国から特権《とっけん》を受け、又《また》は政治上の権力《けんりょく》を行使してはならない」、また、三項には、「国及《およ》びその機関は、宗教教育その他いかなる宗教的活動もしてはならない」とあります。

これは、国家と宗教を互《たが》いがかかわらないようにしっかり分ける「政教分離《ぶんり》」のための条文です。

もし、ある宗教が力をつけて政府と結びつき、自分たちの都合に合わせて法律《ほうりつ》をつくり、政治を行えば、それ以外《いがい》の宗教を信じている少数派や、無宗教の人びとにとって、住みにくい世の中になってしまいます。このように、少数派の信教の自由を大切にするためにも、政教分離が必要《ひつよう》なのです。

もう一つ大きな理由は、民主主《しゅ》義《ぎ》をこわそうとする力をおさえるためです。宗教は、たとえば「唯《ゆい》一《いつ》の神」とか「この世の真理」といった、絶対的《ぜったいてき》な価値《かち》を信仰《しんこう》の対象とすることが多いので、その活動は「疑問《ぎもん》」や「妥協《だきょう》」といった姿勢《しせい》とは相いれないものがあります。これに対して民主主義は、多くの価値観があることを前提《ぜんてい》にして、「疑問」を持って話し合いをした上で、「妥協」を試《こころ》み、最後は投票によってみんなで決めようという、「人間の欠点を考えに入れた現実的《げんじつてき》なもの」です。

もし、絶対的な価値が政治の世《せ》界《かい》を一色に染《そ》めてしまったら、民主主義ではなく、絶対王政の時代にもどってしまうかもしれません。実際《じっさい》に、明治憲法《けんぽう》のもとでは、国家と神道が結びついて、「神風が吹《ふ》いて日本は勝つ」などという考えが広められ、国民が戦争に協力させられることになってしまいました。

このような反省《はんせい》から、日本国憲法では、しっかり政教分離を定めているのです。

内閣総理大臣《だいじん》は靖國《やすくに》神社に公式参拝《さんぱい》できる?

政教分離について問題になるのは、内閣総理大臣が靖國神社に公式参拝する場合です。靖國神社とは、戦争で亡《な》くなった軍人の魂《たましい》をしずめるために明治政府がつくった神社で、戦後は国との関係がなくなりましたが、第二次世界大戦の戦争犯罪人《はんざいにん》も、過去《かこ》の戦没者《せんぼつしゃ》などとともに祀《まつ》られています。

二〇〇一年、当時の小泉《こいずみ》純一郎《じゅんいちろう》首相が秘書《ひしょ》を連れ政府の車を使って靖國神社を訪れ、「内閣総理大臣」と記帳して献花代《けんかだい》を納《おさ》めました。

この事件《じけん》については、首相が公務員《こうむいん》の職務《しょくむ》としての行為においてあきらかに宗教にかかわったとして、大阪高等裁判所《さいばんしょ》が、憲法違反《けんぽういはん》という判決を出しています。

学校で、クリスマスや節分《せつぶん》の豆まきはOK?

たとえば、公立の学校でクリスマス会を開くことはできるでしょうか。

クリスマスは、イエス・キリストの誕生《たんじょう》を記念する日のお祭りですから、宗教教育活動になり、禁止されるようにも思われます。しかし、それがすでに人びとの間で、慣わしのようになり、次の三つのすべてにあてはまる場合には、ただちに憲法違反にはならないという判決が出ています。

一、主催者が宗教家ではない。

二、行事の順序作法が宗教界で定められたものではない。

三、行いが一般人《いっぱんじん》に違和感《いわかん》なく受け入れられるくらいに、なじみ深い。

さまざまな自由を支《ささ》える土台 ―表現《ひょうげん》の自由―

第二一条　集会、結社及《およ》び言論、出版その他一切の表現の自由は、これを保障《ほしょう》する。
○2　検閲《けんえつ》は、これをしてはならない。通信の秘密《ひみつ》は、これを侵《おか》してはならない。

「表現の自由」のはたらき

日本国憲法第二一条は、「表現の自由」についての条文です。

「表現」とは、個人や集団の認《にん》識《しき》や考えを、外部に伝えようとする活動のことです。いろいろな気持ちや考えを、踊《おど》り、歌、演技《えんぎ》などのパフォーマンスや、詩、小説、論文などの情報《じょうほう》にして表すことです。本や新聞を発行すること、写真やビデオ番組を発表することも表現の一種で、基本的《きほんてき》に自由に行うことが保障《ほしょう》されています。

また、条文の最初《さいしょ》に「集会、結社」とあるように、集会やデモ行進を行うことや、団体をつくって活動することも大切な表現の手段《しゅだん》として保障されています。

表現の自由が保障されると、社会にどんなメリットがあるかを考えてみましょう。

たとえば、音楽の好きな人は、自由に音楽を演奏《えんそう》することで、技《ぎ》術《じゅつ》を向上させ知識を増やすことができます。そして、自分らしさを発見し、将来《しょうらい》への希望《きぼう》を育てることができます。音楽だけでなくどんな表現手段でも、その自由を保障することで、人は知りたい事を手に入れて、自分の人格《じんかく》を発展させ、なりたい自分に近づくことができるのです。このように、表現の自由は、まず一人ひとりの幸福《こうふく》に役に立ちます。

もう少し見方を広げてみると、表現の自由を保障することによって、国民は一人ひとりの考えを発表したりほかの人と議論《ぎろん》したり連帯したりできるようになります。こうして国民が政治にかかわると民主主義が育ち、社会が安定してよい方向に発展するでしょう。

このように、表現の自由は、「個人の幸福」と「民主的な社会の発展」という二つの面で、大切なはたらきをするのです。

表現《ひょうげん》の自由は自由の防波堤《ぼうはてい》

歴史《れきし》をふりかえると、人びとは「表現」をすることで、宗教的《しゅうきょうてき》な権威《けんい》や絶対的《ぜったいてき》な王権《おうけん》が独占《どくせん》していた権利を、自分たちのものにしてきました。宗教改革《かいかく》が広がったのは、ルターによるドイツ語訳の聖《せい》書《しょ》の出版によって、キリスト教の教えが、古くからある教会からではなく、聖書から直接《ちょくせつ》人びとに届《とど》いたからだといわれています。

アメリカの独立《どくりつ》をみちびくことになったバージニア州の権利章典《けんりしょうてん》では、「言論出版の自由は、自由の最大の防波堤」だとして、表現の自由を保障《ほしょう》しなければ、自分たちの自由は守れないと宣言《せんげん》しています。

では、ここで大日本帝国憲法《ていこくけんぽう》（明治憲法）を見てみましょう。

第二十九条 日本臣民《しんみん》ハ法律《ほうりつ》ノ範囲《はんい》内ニ於《お》テ言論著作《ちょさく》印行集会及《および》結社ノ自由ヲ有ス

このように、明治憲法でも表現の自由は保障されていました。

ただし、この条文には「法律の範囲内において」という条件《じょうけん》がついています。

この一節が加わっていたことによって、憲法を変えることなく、出版法、新聞紙法、刑法（不敬罪《ふけいざい》）、治安維持法《ちあんいじほう》、不穏文書臨時取締法《ふおんぶんしょりんじとりしまりほう》、国家総動員法、国防保安法、言論・出版・集会・結社等臨時取締法、などの法律が次つぎに制定《せいてい》されてしまいました。結局、アジア・太平洋戦争のころには、これらの法律の範囲内でしか表現することができなくなり、表現の自由は完全《かんぜん》に形だけのものとなってしまったのです。

国民は政府に対してだけでなく、周囲《しゅうい》にも自分の意見が言えなくなり、逆《ぎゃく》に国民に届《とど》くのは政府からの情報《じょうほう》ばかりになって、結局戦争に協力していきました。

人びとが自由に意見を表明したり行動したりすると、ときには政府を批判《ひはん》する意見が書かれたり、政府が秘密《ひみつ》にしておきたい事実が人びとに知れ渡ったりします。また、政府に反対する人たちが結びつき、反対運動が活発になるなどして、政治をする側（権力）にとっては、いろいろと面倒《めんどう》です。それだけに「表現の自由」は、権力から傷《きず》つけられやすいのです。

日本国憲法第二一条では、明治憲法の反省《はんせい》をふまえて「法律の範囲内」という言葉をなくし、「一切の表現の自由は、これを保障する」として、法律によっても制限されない自由を保障しています。これは、表現された情報をそのまま受け取る「知る権利」の保障でもあります。

また、第二一条の第二項は、「検閲《けんえつ》は、これをしてはならない」として、表現をする前に、政府がその内容《ないよう》をチェックし、不都合《ふつごう》と判断《はんだん》したものを取り締《し》まることを禁止しています。

さらに、「通信の秘密は、これを侵《おか》してはならない」として、人びとが安心してコミュニケーションできるように、プライバシーの保護を約束しているのです。

報道《ほうどう》の自由

国際社会との関係、驚異《きょうい》的な技《ぎ》術《じゅつ》の進歩、経済《けいざい》のグローバル化など、現代の社会はとても複雑《ふくざつ》で、しかもめまぐるしく変化しています。このような世界《せかい》で、民主主義《しゅぎ》的方法によって国民の幸福《こうふく》を積み上げていくには、いつでも正しい情報が自由に届けられなくてはなりません。それを担《にな》うのが、新聞、雑誌《ざっし》、ラジオ、テレビなどのマス・メディアと呼《よ》ばれる報道機関です。マス・メディアは、国民の「知る権利」に応《こた》える役割を持っています。

報道とは、事実を調べてそれを編集し、広く人びとに伝えることです。そのため、報道の自由にはその材料《ざいりょう》を集める「取材の自由」もふくまれます。安心して取材に応じてもらえるように、報道する側の人には、だれに取材した情報なのかを明らかにしない権利（取《しゅ》材源《ざいげん》の秘匿《ひとく》）が認《みと》められています。

さまざまなニュースやそれに対する考えが自由に流通するような社会なら、国民が広く議論し、一人ひとりが自分の意見を決めることができます。そして、その過程《かてい》で、事実と違《ちが》う極端《きょくたん》な情報や国民の生活をおびやかすような過激《かげき》な意見は、自然《しぜん》に消えていきます。

反対に、報道の自由がおびやかされ、情報が自由に流通しない社会は、国民が政府にコントロールされやすいとても危険《きけん》な社会だといえるでしょう。

「中立な報道」とは？

報道は、客観的《きゃっかんてき》で中立でなければならないといわれますが、それは本当でしょうか。

ある事件《じけん》の情報が、新聞によって読者に届くまでに、どれだけの人がかかわっているかを考えてみましょう。一本の記事には、事件の当事者、その関係者、警察官《けいさつかん》、検察官《けんさつかん》、取材記者、カメラマン、デスク、編集長、新聞社の経営者《けいえいしゃ》など、たくさんの人がかかわっています。すると、その人たちの考えがなんらかの形で記事に入り込《こ》んできます。たとえば、ある事実をわざと書かないとか、小さくしか紹介《しょうかい》しないなどの手段《しゅだん》で、事件を事実として伝えている記事でも、かたよった印象《いんしょう》を与《あた》えることができるのです。

ですから、新聞やテレビで流れたニュースでも、単純《たんじゅん》に客観的で中立だとは言えません。あくまでも情報を受け取る側が、自らの責任《せきにん》で内容《ないよう》を判断《はんだん》しなければならないのです。

選挙前《せんきょまえ》になると、政府や政治家が「中立な報道をお願いする」と報道機関に要請《ようせい》することがあります。要請する側は、あきらかに政府への批判的な報道をおさえることがねらいでしょう。これでは、「表現の自由」の侵害《しんがい》になりかねません。報道側が自由に情報を流し、それを受け手が自由に選択《せんたく》できなければならないのです。

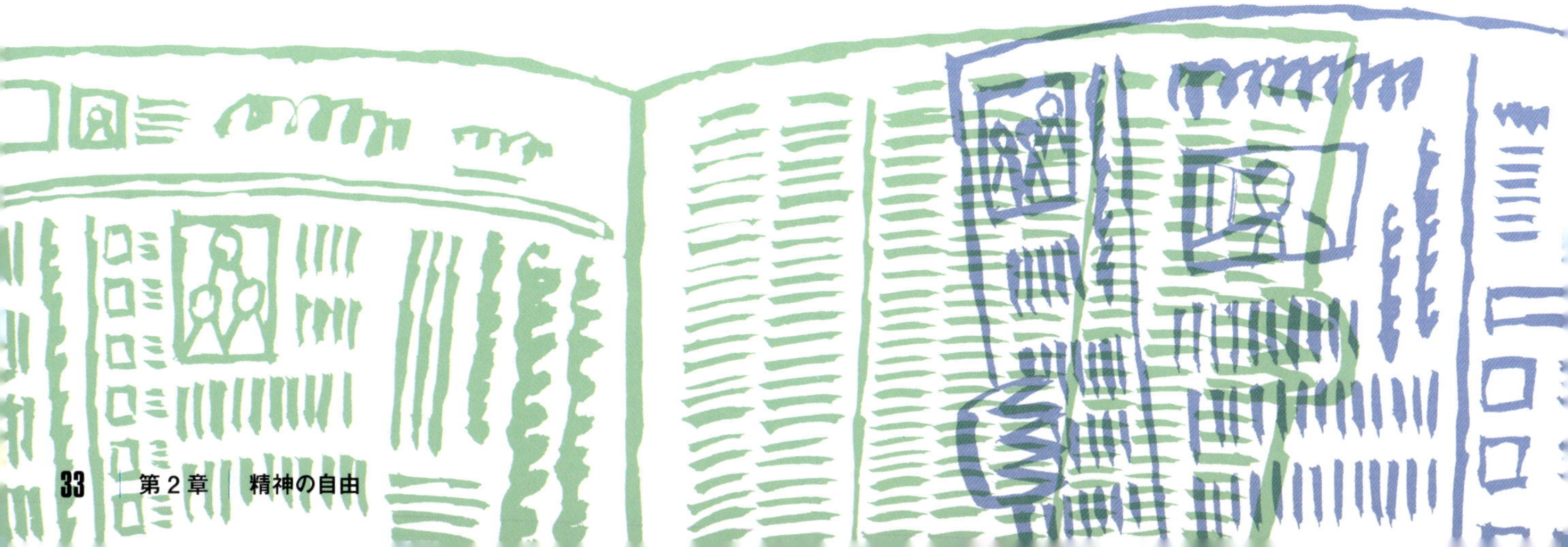

空気とインターネット

何人かの友人と話をしていてだれかが意見を言ったとき、「ちょっと違《ちが》うと思うけれど、ここでそれを言うとしらけるかな」と、場の空気を読んでしまい、言いたいことが言えなかった経験《けいけん》は、だれにでもあるでしょう。

日本人はとくにこの「場の空気」を意識《いしき》しすぎて、自由に意見を言わない傾向《けいこう》が強いといわれています。

しかし、場の空気に流されずに自分の意見をはっきりと言ったほうが、長い目でみると確実《かくじつ》にわたしたちの自由が広がります。

たとえば、空気を読む習慣がテレビや新聞などの報道《ほうどう》の世界に広がったらどうでしょう。

流れるニュースがいつのまにか視聴者《しちょうしゃ》や読者の意見や政府の方針《ほうしん》に合わせたものばかりになってしまいます。そうなると、少数派や弱い立場の人の意見が伝わらなくなって、やがて、人権《じんけん》の侵害《しんがい》へとつながってしまいます。

その一方で、最近《さいきん》ではツイッターやブログなど、インターネットを利用したSNS（ソーシャル・ネットワーキング・サービス）などが、コミュニケーションをしながら自由に意見が言える新しい表現《ひょうげん》の場になっています。

ところがここでは、自分の名前を名乗らずに無責任《むせきにん》な発言を書き込《こ》んで、人を傷《きず》つけたりプライバシーを侵害したりする事件《じけん》が増えています。いくら「表現の自由」といっても、個人《こじん》の私生活におけるプライバシーを実際《じっさい》に傷つけて人権を侵害することは認《みと》められていません（下のコラム参照）。

日本人は、空気を読み合う世界《せかい》で育ったせいか、自分の意見をはっきり言って、きちんとその責任を引き受けることが苦手です。また、自分とは違う意見を持つ相手を、そのまま認めることが上手ではありません。

みんな違って、みんないい。

プライバシーと表現の自由

小説家《しょうせつか》の柳美里《ゆうみり》さんは、実在《じつざい》の女性をモデルに『石に泳ぐ魚』という小説を書きました。モデルの女性は、プライバシーが侵害されたとして裁判《さいばん》を起こし、その結果、最高裁判所は出版の差し止めと損《そん》害賠償《がいばいしょう》を認める判決を出しました。

出版の自由や表現の自由は、個人の生活を犠牲《ぎせい》にしてまで認められるべきではないという、最高裁判所の判断です。まず「個人の尊重《そんちょう》」という大きな原理があって、その上で一人ひとりの幸福《こうふく》を積み上げて公共の福祉を実現する、これがわたしたちの憲法《けんぽう》の基本的《きほんてき》な考え方です。

ただし、表現の自由はわたしたちの自由全体を支《ささ》える大切なものです。個人のプライバシーや名誉《めいよ》とぶつかったときは、両者の利益《りえき》を具体的《ぐたいてき》に比べてていねいに判断する必要《ひつよう》があります。

その判断の基準《きじゅん》となるのは、その情報《じょうほう》には、個人を傷つけてまで表現するほどの価値《かち》があるのかということです。その情報が、政治的・社会的に重要《じゅうよう》であって、国民の間で真剣《しんけん》に議論されるべき責任ある言論であるなら、名誉やプライバシーの侵害のおそれがあっても、表現の自由を制約するべきではありません。そのような場合は、プライバシーよりも表現の自由が優先《ゆうせん》されます。

「表現の自由」を保障《ほしょう》することと、憲法を支える大切な原理である「個人の尊重」とは、とても深く関係しています。責任ある個人の意見を自由に述《の》べ合うことに、もっと慣れていきましょう。

それが、「表現の自由」をさらに強くすることにつながります。

「国旗《こっき》を燃やす表現の自由」を認めたアメリカ

アメリカの国旗は星条旗《せいじょうき》です。いろいろな人種が集まっているアメリカでは、星条旗は合衆国を象徴《しょうちょう》するものとして愛されている一方で、政策に反対する人びとから燃やされるという事件《じけん》もしばしば起こります。そこで一九八九年に、「国旗を汚《よご》したり、燃やしたり、踏《ふ》みつけたりしてはいけない」という「国旗保護法《ほごほう》」がつくられました。

ところが、この法律を知ってアイクマンという人は、わざと国会議事堂前の階段《かいだん》で星条旗を燃やし、そして、裁判になりました。

この事件の判決で、連邦《れんぽう》最高裁判所はこう言いました。

「国旗を冒《ぼう》とくすると、多くの人がいやな気分になる。しかし政府は、社会が不愉快《ふゆかい》だとか賛成《さんせい》できないというだけでは、何かの考えにもとづいた表現を禁止することはできない。……国旗の冒とくを処罰《しょばつ》することは、国旗をこのように尊敬《そんけい》させ、そして、尊敬に値《あたい》するようにさせている、まさにその自由自体を弱めてしまうことになる」

そして、アイクマンを無罪《むざい》にし、さらに、「国旗保護法」を言論の自由を定めた憲法に違反《いはん》するとして、無効《むこう》としました。

国旗を燃やす自由があるからこそ、国旗が大切にされる。自由と人権について考えさせられる判決です。

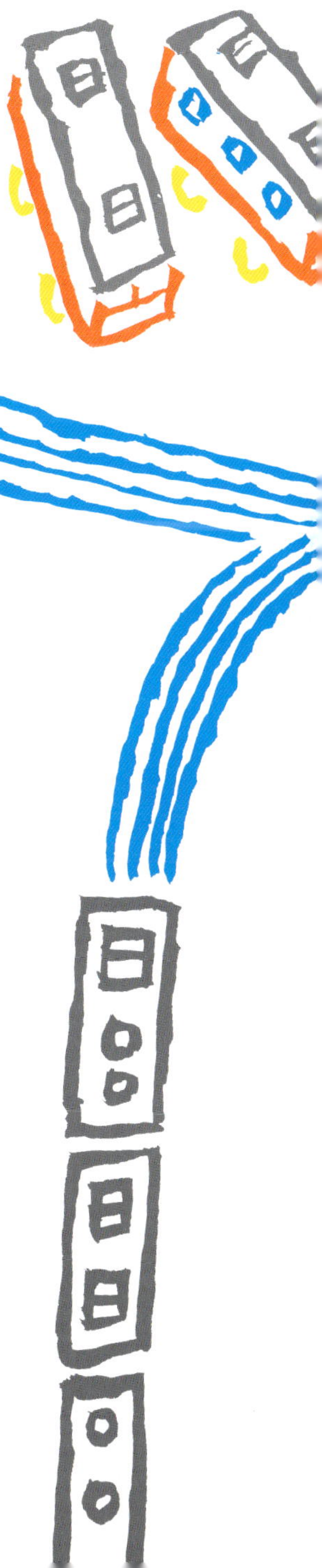

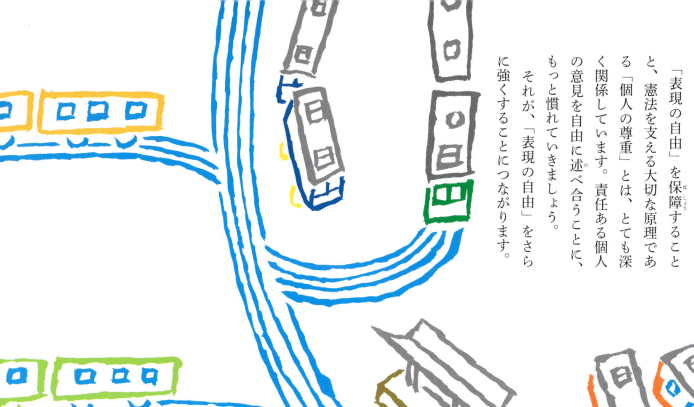

真実をみんなで分かち合うために ―学問の自由―

第二三条　学問の自由は、これを保障《ほしょう》する。

自由と幸せをもたらす学問の大切さ

大好きなゲームで遊べるのも、飛行機で外国に行けるのも、難病《なんびょう》が治療《ちりょう》できるのも、「集団的自衛《しゅうだんてきじえい》権《けん》の行使は憲法違反《けんぽういはん》である」と政府をただせるのも、だれかが学問をして、その成果《せいか》をみんなで分かち合うしくみがあるからです。

学問によってどれだけ生活が快《かい》適《てき》になり、多くの人が救われ、幸せがもたらされたかは、はかり知ることができません。

しかし、「表現《ひょうげん》の自由」がしばしば権力《けんりょく》に傷《きず》つけられるように、学問の自由も権力の介入《かいにゅう》を招《まね》く宿命を持っています。なぜなら、学者は真実を探求《たんきゅう》していく過程《かてい》で、しばしば政府に都合の悪い研究を発表することがあるからです。

実際《じっさい》に明治憲法のもとでは、天《てん》皇機関説《のうきかんせつ》(→下のコラム)のように、「学問の自由」は国家権力によって何度も傷つけられてきました。

憲法第二三条で、「学問の自由」を独立《どくりつ》して掲《かか》げているのは、その反省《はんせい》からです。学びの場は、権力から自由でなければなりません。

「学問の自由」には、次の三つの内容《ないよう》があるとされています。

一、学問研究の自由……自由に学問ができること。「思想・良心の自由」と同じ内心の自由と、調査《ちょうさ》や実験《じっけん》などの活動の自由。

二、研究成果の発表の自由……多くの研究は成果を発表してこそ価《か》値《ち》が生まれるので、発表の自由は保障されなければなりません。

ただし、原子力研究、遺伝子《いでんし》組み換《か》え、臓器移植《ぞうきいしょく》などの先端《せんたん》科学技術分野には、人間の生存《せいぞん》や尊厳《そんげん》そのものを侵《おか》す危険《きけん》のある研究もあります。その場合には、人の生命・健康やプライバシーなどの重《じゅう》要《よう》な人権を守るために、法律で必《ひつ》要最小限度《ようさいしょうげんど》の規制《きせい》を行うことができると考えられています。

三、教授（教育）の自由……教授から学生など後進の人に教える自由。おもに大学では、自由な方法で学生などに研究の成果を教えることができます。小・中・高校でも教師はある程度《ていど》自由に教えることができると考えられますが、教育水準《すいじゅん》の維持《いじ》向上、教育の中立性の確保《かくほ》などの理由により、教科書の検定《けんてい》が行われて、教師の教育の自由も完全なものではありません。

第二三条では「大学の自治」も保障されると考えられています。学問の自由のために、大学は政府や国家からの干渉《かんしょう》をうけずに運営されるべきだという考えです。

天皇機関説

明治憲法のもとで、天皇は団体《だんたい》としての国をおさめる機関であるという考えから、議会は内閣を通して天皇の意思をしばることができるとした学問上の説。日露《にちろ》戦争後、貴族院議員であり東大教授でもあった美濃部達吉《みのべたつきち》などがとなえ、政党政治を基礎《きそ》づけるほぼ国家公認の学説でした。しかし、軍部が力を増すと、天皇の主権を強調するようになり、天皇機関説は、学問の世界から排除《はいじょ》されてしまいました。

第3章 いろいろな仕事をしてみたい……「経《けい》済《ざい》の自由」

「国家からの自由」を定めた「自由権」の2番目に紹介《しょうかい》するのは、「経済の自由」です。
やりたい仕事を自由に選《えら》べる、自分が築《きず》いた財産は自分のものであるという、当たり前のことも、
最初《さいしょ》からわたしたちの権利だったわけではありません。

わたしのものはわたしのもの
——財《ざい》産《さん》権《けん》の保《ほ》障《しょう》——

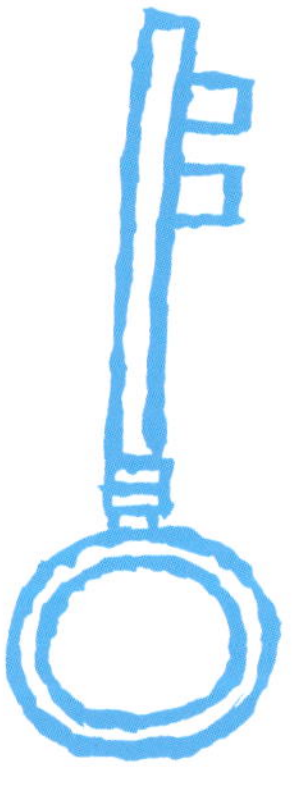

第二九条　財産権は、これを侵《おか》してはならない。
○2　財産権の内容《ないよう》は、公共の福祉《ふくし》に適合《てきごう》するやうに、法律《ほうりつ》でこれを定める。
○3　私有財産は、正当な補償《ほしょう》の下に、これを公共のために用ひることができる。

個人の財産は自由のあかし

ある日とつぜん市役所の人が、ある人の家にやってきて、「ここに市民病院を建設するから、立ち退《の》いてください」と言われたら、その人は困《こま》ってしまうでしょう。その人は、一生懸命《けんめい》働いて家を買い、そこで暮《く》らしていたのです。

一七八九年のフランス人権宣言《じんけんせんげん》には、

「所有権は、神聖《しんせい》かつ不可侵《ふかしん》の権利である」

という規定《きてい》があります。

これは、一七世紀に最初《さいしょ》に議会制民主主義《しゅぎ》をとなえたイギリスのジョン・ロック（→14ページ）が、人が生まれながらに持つ権利として、「生命」「健康」「自由」「財産」をあげ、個人《こじん》がつくりだした財産はどんな権力者でもうばえない、としたことに由来しています。

憲法第二九条の「財産権は、これを侵してはならない」という条文も、この考えからうまれた、人類の歴史《れきし》の成果《せいか》なのです。

そういうわけで、市役所の人が勝手にその人の家をとりあげることは、憲法第二九条の一項に明らかに違反《いはん》します。もちろん家だけでなく、貯金《ちょきん》や、車や、パソコンなど個人の具体的な財産はすべて、勝手にとりあげることはできません。

この条文は、一人ひとりの財産権を保障して、個人の具体的な財産を守るだけでなく、同時に「私有財産制」という社会の制度も守っていると考えられています。

つまり、財産を個人で所有すること（私有）を認め、とくに工場や機械などといった生産手段《しゅだん》の私有も認《みと》められるという社会の「しくみ」自体を守っているとされています。

日本国憲法はこの条文によって、資本主義の経済体制《けいざいたいせい》（→第3巻15ページ）を保障している、と考えることができます。

弱者に配慮《はいりょ》する「公共の福祉」

第二九条第二項にある「財産権の内容は、公共の福祉に適合するやうに、法律でこれを定める」とは、どういうことでしょうか。

第一三条で出てきた「公共の福祉」（→21ページ）という言葉は、だれかの自由がほかの人の生命や健康などをふくむ人権とぶつかったとき、それぞれの人権の間で、公平に調整《ちょうせい》しましょうという約束《やくそく》でした。

第二九条第二項の「公共の福祉」は、まず、麻薬《まやく》や拳銃《けんじゅう》はほかの人の生命など人権を傷《きず》つけるおそれがあるので所有できないとか、となりの家が完全に日陰《ひかげ》になってしまうような家は建てられないなど、ほかの人の権利を侵害《しんがい》するような財産権の行使を制限《せいげん》する意味を持っています。

しかしそれに加えて、ここでいわれる「公共の福祉」には、もう一つ大切な意味があります。それは、社会的経済的に弱い立場の人を救うために、強い立場の人の権利を制限できるという積極的《せっきょくてき》な意味での「公共の福祉」です。

たとえば、大企業が強い商品を開発したりほかの企業と合併《がっぺい》したりして、市場を独占《どくせん》してしまうと、これまで競争《きょうそう》していたほかの企業は生き残ることができません。これを防ぐために「独占禁止法」を定めて、小さな企業でも競争の土《ど》俵《ひょう》に上がれるように、財産権の内《ない》容《よう》を積極的な目的のために制限するのです。

つまり、この章で解説する「経済の自由」は、第2章で述《の》べた「精神《せいしん》の自由」（思想・良心の自由など）よりも、積極的な意味での「公共の福祉」によって、より強い規制を受けるといえます。

また、第三項では、私有財産は、「正当な補償の下に、これを公共のために用ひることができる」とあります。

きちんとした補償をすれば、個人が持っている財産を公共のために使うことができる、というものです。たとえば、道路の幅《はば》を広げて交通渋滞《じゅうたい》を緩和《かんわ》し、多くの市民の利益《りえき》を増やすために、沿道《えんどう》の人に正当な金銭的補償をして立ち退いてもらう、といったことです。

この場合の補償には、税金が使われます。税金を納《おさ》める多くの人が道路を利用して利益を受けるからです。

憲法に表れた新しい考え方

なぜ、このような「公共の福祉」の考え方がうまれてきたのでしょうか。ジョン・ロックが形を与え

た財産権は、絶対的《ぜったいてき》な権力を持っていた王から権力《けんりょく》をうばった市民が、個人《こじん》として独立《どくりつ》を守るためにとても大切な基本的《きほんてき》人権でした。

しかし、やがて産業革命《かくめい》が起こって資本主義が発達してくると、資本を持つものがより財産《ざいさん》を増やし、資本家という強者が誕生《たんじょう》する一方で、経済《けいざい》の自由競争《きょうそう》に負けて資本を持てなかった労働者《ろうどうしゃ》などの弱者がうまれて、その格差《かくさ》があらわになってきます。

このような社会的経済的な弱者を守るために、あえて積極的《せっきょくてき》に強者の自由を制限《せいげん》できるとしたのが、憲法《けんぽう》第二九条など経済の自由で示《しめ》されている「公共の福祉《ふくし》」の持つ意味なのです。これは各国《かっこく》の憲法が二〇世紀になってから取り入れた、新しい考え方です。

このような点からも、日本国憲法は、典型的《てんけいてき》な現代の憲法だと評《ひょう》価《か》されています。

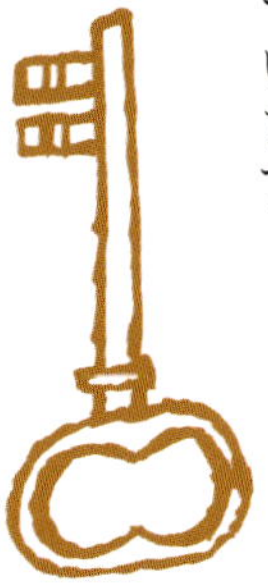

財産権が制約を受ける場合

公共の福祉

自由国家的公共の福祉

(それぞれの人権が侵害されるのを防ぐという消極的な目的で制限する)

例）　災害を防ぐために土地の使い方を制限する

例）　市民の健康と安全を守るために麻薬の売買を禁止する

社会国家的公共の福祉

(弱いものの人権が確保されるようにという積極的な目的で制限する)

例）　独占禁止法によって自由な市場経済をたもつ

例）　町の景観条例によって大きな看板を禁止する

知的財産権とは?

ふつう「財産」というと、不動産（土地や建物）と動産（そのほかの形のあるすべてのもの）をさしますが、現代では物として形のない情報《じょうほう》やデザイン、アイデアなども大きな価値《かち》を持っています。このように人間の知的な活動の成果《せいか》についての権利を「知的財産権」といいます。

国境《こっきょう》を越《こ》えた経済活動が盛《さか》んになるにしたがって、知的財産権の確《かく》立《りつ》はとても重要《じゅうよう》になっています。そのため、二〇〇五年には、東京高等裁判所《さいばんしょ》の特別の支部《しぶ》として知的財産高等裁判所が設置されています。

知的財産権

- **産業財産権**　出願や登録をして権利が発生
  - **特許権**　自然法則を利用した、新しい発明　例）新しい充電池を利用した携帯電話
  - **実用新案権**　物の形や構造の新しいアイデア　例）収納できる携帯電話のアンテナ
  - **意匠権**　独創的なデザイン　例）薄型の携帯電話
  - **商標権**　商品やサービスをあらわすマーク　例）ブランドのロゴマーク
- **著作権**　創作された時点で権利が発生　例）小説、作曲、論文、演奏、イラスト、ソフトウェアなど
  - **著作者の権利**
    - **著作財産権**　複製権などで著作者の財産権を保護
    - **著作者人格権**　公表の決定や氏名の表示などの権利
  - **著作隣接権**　著作物を広めるために必要な演奏者や録音者などの権利

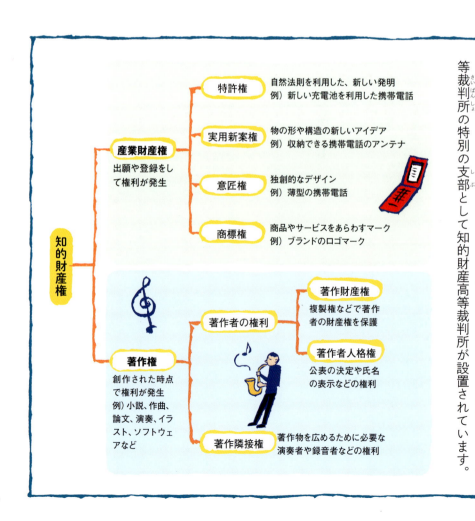

人生を豊かにするために
―居住《きょじゅう》・移転の自由・職業選《せん》択《たく》の自由―

第二二条　何人《なんぴと》も、公共の福祉に反《はん》しない限《かぎ》り、居住、移転及《およ》び職業選択の自由を有する。
○2　何人も、外国に移住し、又《また》は国籍《こくせき》を離脱《りだつ》する自由を侵《おか》されない。

どこに住もうと何を仕事にしようと自由？

みなさんは、これからどんな職業について、どんな大人になりたいと思っているでしょうか。日本国憲法《けんぽう》が制定《せいてい》されてからは、農民の子は農民に、商人の子は商人に、といった江戸時代のような身分にともなう職業の制約もなくなり、ずいぶん自由にそれぞれの職業を選《えら》べる社会になりました。

日本国憲法は資本主義の経済体制による活動を保障《ほしょう》しています（→38ページ）。憲法第二二条で職業選択の自由を保障しているのは、自由な経済活動が社会を安定的に発展させるという基本的な考え方があるからです。職業選択の自由は、選択《せんたく》した仕事を続ける「営業の自由」も保障しているとされるので、個人はどのような仕事で暮《く》らしを立ててもよいわけです。

また、個人にとって自由に職業が選べるということは、将来《しょうらい》に向かって努力《どりょく》をしたり、その仕事によって心が豊かになったり、なりたい自分になれるなど、経済活動だけでなく、精神《せいしん》の自由を支《ささ》えることにもつながります。

ここでも二つの制限がある

ところが、職業選択の自由を保障したこの第二二条にも、「公共の福祉に反しない限り」という制約が加えられています。ここでも、38ページの財産権の保障と同じように二種類の制限があります。

たとえば、医師《いし》、看護師《かんごし》、栄養《えいよう》士《し》、理容師、美容師、マッサージ師のように、国が定めた資格を持たなければつけない職業もありま

す。また、飲食店、運送業など、営業をするときに役所の許可《きょか》や届《とど》け出が必要《ひつよう》な職業もあります。これらは、国民の生命や健康に対する侵害《しんがい》を防ぐためにやむを得ず（国民の安全を守るという消極的《しょうきょくてき》な目的で）設《もう》けられている制限《せいげん》です。

これとは別に、社会的・経済的《けいざいてき》弱者を保護するために進んで（調和のとれた社会を実現するという積極的な目的で）制限を設ける場合もあります。たとえば、大型スーパーなどの大企業から中小の商店を保護するための制限や、国内の農業を保護するための輸入の制限などは、これにあたります。

最近《さいきん》では、これらの制限をできるだけなくして、より経済活動の自由《じゆう》を広げようとする「規制緩和《きせいかんわ》」の動きが広がっています。むやみに規制を緩和すると、社会・経済的弱者が切り捨てられるおそれがあります。そもそも規制緩和をすべき対象かどうかもふくめ、注意深く検討《けんとう》していくことが重要です。

居住《きょじゅう》・移転の自由

第二二条の職業の自由の条文には、「居住・移転の自由」も一緒に書かれています。

明治憲法《けんぽう》においてすでに、国民はどこに移り住んでもよい自由を獲得《かくとく》しています。じつはこれは、資本や労働者を自由に移動させ、経済を活発にして、国の力を強くしようという目的があって実現されたものです。

早くから産業革命《かくめい》が進んだアメリカの憲法やフランスの人権宣言ではこのことは当たり前だったので、このような条文はありません。しかし、日本やドイツのように、国家が資本主義経済の発展を進めた国では、あらためて憲法でこのような自由を保障《ほしょう》して資本主義社会の発展をうながす必要があったのです。居住・移転の自由が経済活動の自由を保障する条文の中に書かれているのは、このような理由からです。

海外旅行とパスポート

憲法第二二条第二項には、「何人も、外国に移住し、又は国籍《こくせき》を離《り》脱《だつ》する自由を侵《おか》されない」とあります。だれでも外国に住んだり旅行したりできるということです。また、いつでも日本国籍を離脱してかまわないとしています。

日本人として外国に住んだり旅行したりするためには、パスポート（旅券）が必要です。パスポートは、外国でその人の身分や国籍を証《しょう》明《めい》し、外国政府に特別なはからいや保護を求める書類です。

ただし、パスポートがないと日本から出られないので、パスポートには同時に、外国へ行くことを制限するはたらきもあります。

たとえば、日本人のジャーナリストに対し、危ない紛争地域《ふんそうちいき》に行かせないことを理由として、政府がパスポートを取り上げる（「返納《へんのう》」させる）ことが許《ゆる》されるでしょうか。政府には海外に渡航《とこう》する国民の安全を守る義務《ぎむ》があります。一方で、憲法第二二条の「居住・移転の自由」や第二一条の「表現の自由（取材の自由）」は、国民の大切な権利《けんり》です。状況《じょうきょう》によって結論は変わりますが、とくに「表現の自由」は、最大限に保障されるべきです。安易《あんい》にパスポートを取り上げることは認められるべきではありません。

第4章
わたしの身体はわたしのもの……
「身体の自由」

「国家からの自由」を定めた「自由権」の3番目に紹介《しょうかい》するのは、「身体の自由」です。
わたしたちが自由に過《す》ごせるのは、自分の身体が自由だからです。
当たり前だと思われるかもしれませんが、これはとても基本的《きほんてき》で大切な権利です。

人間にとってもっとも基本的《きほんてき》な権利《けんり》
—奴隷的拘束と苦役からの自由—

第一八条　何人《なんびと》も、いかなる奴隷的拘束も受けない。又《また》、犯罪《はんざい》に因《よ》る処罰《しょばつ》の場合を除《のぞ》いては、その意に反《はん》する苦役に服させられない。

奴隷や苦役はむかしの話ではない

憲法《けんぽう》第一八条には、だれもが、奴隷のように身体を拘束されることはない、犯罪による処罰以外《いがい》には、自分の意思に反して強制的《きょうせいてき》に働かされることはない、と書かれています。

奴隷的拘束とは、人格《じんかく》を否定《ひてい》するようなやり方で身体の自由を拘束することで、人身取引（人身売買）などがこれにあたります。

奴隷などというと、おおげさだと思うかもしれませんが、アメリカ合衆国でリンカーン大統《だいとう》領《りょう》が奴隷解放宣言《かいほうせんげん》を出したのが、一八六三年のことです。日本では明治維新《いしん》の直前のころです。アメリカでは、その後もアフリカ系アメリカ人の差別が続き、公民権法の制定《せいてい》によって法律《ほうりつ》の上で人種差別が解消されたのは、一九六四年、今からわずか五〇年くらい前のことです。

一方、アジアやアフリカの貧しい国ぐにでは、今でも小さな子どもや若い女性が人身取引の被害にあっています。誘拐《ゆうかい》されたりお金で買われたりしてあちこちに送られ、奴隷のように、あるいは奴隷として、強制的に働かされているのです。その人たちの一部は、日本にも送られて飲食店などで働かされています。

日本にもまだ、「奴隷的拘束」や「意に反する苦役」が残っているのです。長時間労働《ろうどう》を強いる「ブラック企業」の存在《そんざい》や、サービス残業の問題も、奴隷的拘束や意に反する苦役を禁止する憲法の精神《せいしん》によって解決されなくてはならない問題です。

徴《ちょう》兵《へい》制《せい》を導入することはできる？

明治憲法下の日本では、貧しい地方などに住む女性や子どもが人身売買によって、都会に売りとばされ、ひどい環境のもとで、性労働や肉体労働をさせられるということがありました。また、アジア・太平洋戦争中は国家総動員法という法律によって、多くの人が軍需《ぐんじゅ》工場などの事業所に強制的に動員されました。

少なくとも現代の日本国憲法のもとでは、このような身体の自由の侵害は、禁じられています。とくに、「奴隷的拘束」は例外なく絶対《ぜったい》禁止です。これは、国家と私人の間だけでなく、私人と私人の間でも禁止されます。

その一方で、「意に反する苦役を受けない自由」については、公共の福祉による制約を受ける場合があります。

たとえば、大きな洪水《こうずい》などが起きて危険が迫《せま》っているときに、地《ち》域《いき》の住民に対して土のうを積むなどの緊急的な労働を強制することは、憲法第一八条に違反《いはん》しないとされています。また、公正な裁判を行うために必要な証人《しょうにん》に対して、裁判所へ出廷《しゅってい》し証言するよう命令《めいれい》することなども、裁判への協力義務《ぎむ》として認《みと》められています。

さて、国が国民に兵役の義務を課す「徴兵制」は、現在の日本国憲法のもとで導入することはできるでしょうか。徴兵制は、国民を軍人として強制的に軍に入隊させ、兵役につかせることですから、これはこの憲法第一八条の「意に反する苦役」にあたり、憲法違反になると考えられます。

また、日本国憲法では、第九条によって一切の戦争を放棄《ほうき》し、戦力を持たないことを宣言しています。徴兵制を導入する場合は、憲法を改正しなければなりません。

人身取引（人身売買）被害者の国籍別人数

（2001年～2014年、合計681件、被害者はすべて女性）

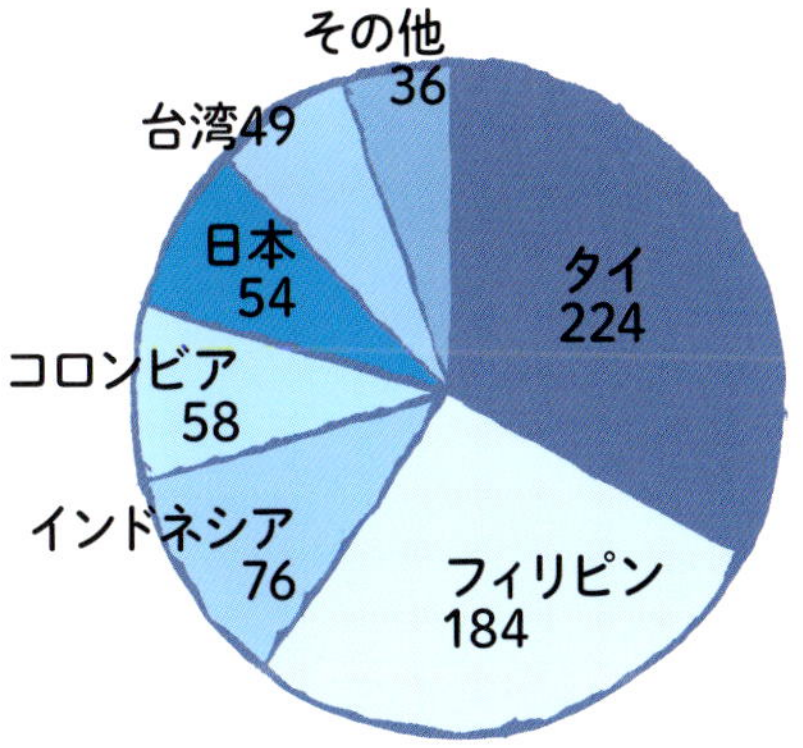

日本は、東南アジアなどからの女性の受け入れ国になっている。彼女たちは仲介者の手引きで入国し、風俗業の仕事をさせられる人も多い。日本は国際的に非難される中で、2005年に人身売買を犯罪として処罰する刑法226条の2を新しく設けて対策を進めているが、まだ多くの問題が残されている。（警察庁「平成26年中における人身取引事犯の検挙状況等について」より作成）

勝手につかまえないで
―法《ほう》的《てき》手続きの保《ほ》障《しょう》―

なぜ戦争中《せんそうちゅう》はかんたんに逮捕《たいほ》できたのか

あなたの部屋に刑事《けいじ》がいきなりずかずかと入ってきて、「お前は悪いやつだから、逮捕する。3年間牢屋《ろうや》に入っていろ」などと言われたら、どうでしょう。

現在《げんざい》では考えられないことですが、アジア・太平洋戦争中には、逮捕状も見せられず、容疑《ようぎ》も知らされないまま警察《けいさつ》に連行されるというようなことがありました。

大日本帝国憲法《ていこくけんぽう》（明治憲法）第二三条には、「日本臣民は、法律《ほうりつ》によらずに、逮捕、監禁《かんきん》、審問《しんもん》、処罰《しょばつ》を受けない」（現代語訳）とあるにもかかわらず、なぜかんたんに逮捕できたのでしょう。

この条文には、「法律によらずに」とあります。ということは、「法律によれば」つまり、そのような法律があれば、逮捕や監禁などができるということです。実際《じっさい》に当時の政府は、「治安維持法《ちあんいじほう》」や「軍機保護法《ぐんきほごほう》」などの法律を使って、戦争に協力しない国民を逮捕し、禁止されていたはずの拷問《ごうもん》を加えて何か月も取り調べ、有罪にして投獄《とうごく》しました。

もちろん現在の憲法では、このようなことは許《ゆる》されません。

第三一条　何人も、法律の定める手続によらなければ、その生命若しくは自由を奪《うば》はれ、又はその他の刑罰《けいばつ》を科せられない。

憲法第三一条の条文自体は、かんたんにいうと「刑罰を科すときには、法律で決められた正しい手続きにしたがわなければならない」ということです。読みすごしてしまいそうな条文ですが、これは「身体の自由」を保障するための、とても大切な約束《やくそく》ごとです。

明治憲法下で行われた人権侵害《じんけんしんがい》への反省からこの条文ができましたが、ここにも自由がわたしたちのものになるまでの長い歴史《れきし》がきざまれています。

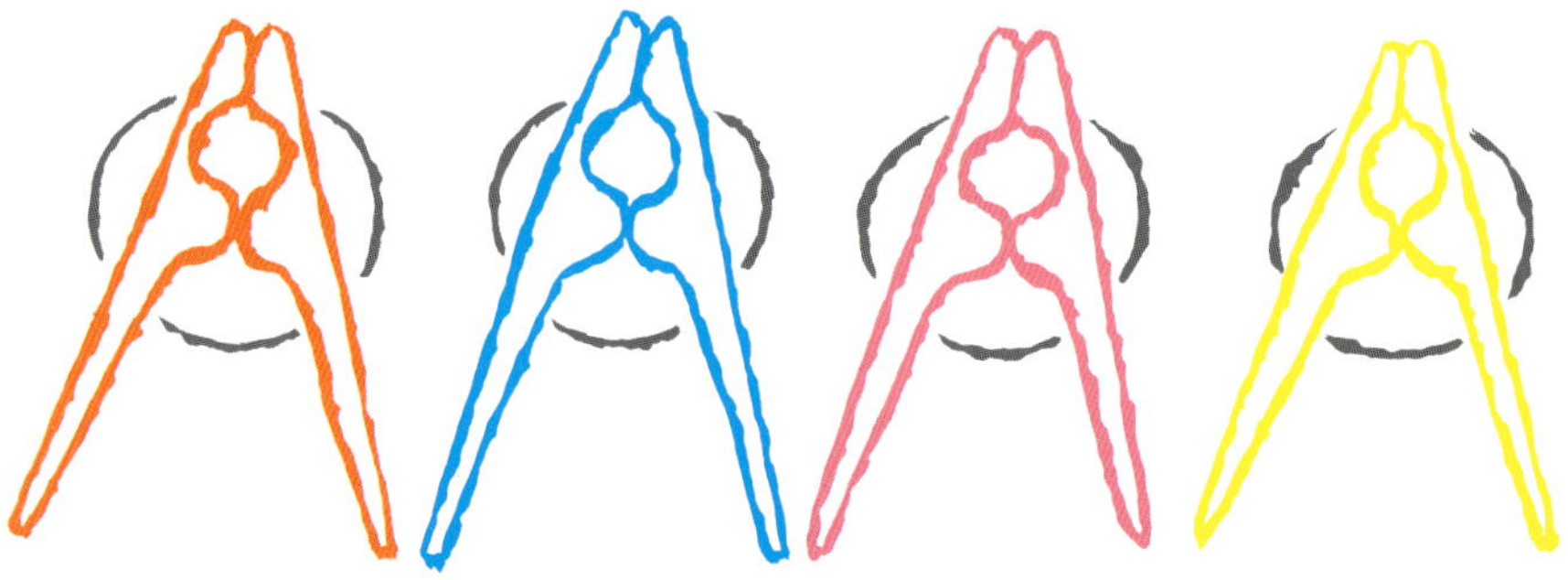

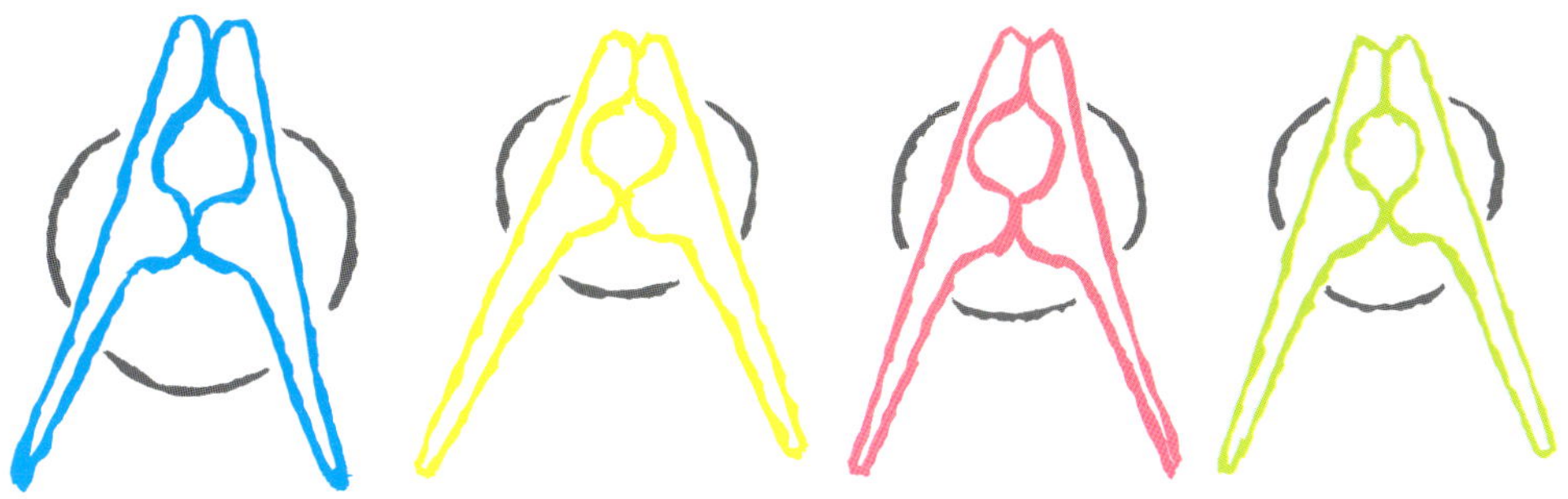

身体の自由をめぐる歴史

一八六八年に修正《しゅうせい》されたアメリカ合衆国憲法（修正第一四条）には、「……いかなる州も、法の適正な手続きによることなく個人《こじん》の生命、自由あるいは財産《ざいさん》をうばってはならない」とあります。

じつはこれは、一二一五年のマグナ・カルタ（→10ページ）にまでさかのぼれる条文です。その第三九条を短くいうと「どんな自由人も、同じ身分の仲間による合法的な裁判、または、国の法によらなければ、逮捕、投獄、……、侵害されない」ということです。

つまり、八〇〇年も前にできた法が、そのままではないにしても、現在の日本国憲法に活《い》かされているのです。

「法の適正な手続き」は、デュー・プロセス・オブ・ロー（due process of law）ともいわれ、自由を守るための大切な決まりになっています。一人ひとりの権利を政府などの権力から守るためには、「正しい手続き」で行うように権力をしばっておかなければならないという考え方です。

マグナ・カルタは、正しい手続きによらず人を逮捕したり処罰したりしないように貴族《きぞく》たちが王に約束させたものです。自由を求めてきた人びとの歴史は、権力に対して、このように正しい手続きを守るように、何度も何度も約束させてきた歴史ともいえます。16ページで解説《かいせつ》した「法の支配」には、法の内容《ないよう》だけでなく、「法による正しい手続きを大切にする」という意味もふくまれているのです。

手続きをふむだけでいいの？

さて、個人《こじん》に刑罰を与《あた》えるということは、身体の自由などの基本《きほん》的《てき》人権をきびしく制限することです。それは「法律の定める手続き」によらなければならないというのが、憲法第三一条です。

法律で決まっていればどんな手続きも使えるかというと、その手続きの内容も適正《てきせい》でなければなりません。

たとえば、「国家機密《きみつ》をもらしたものは、その犯罪《はんざい》事実を告げず、言い分を聞いたり証拠《しょうこ》を調べたりせずに、有罪にしてよい」という法律は、その人に問われている内容を伝えず、言い分や有利な証拠を示《しめ》す機会も与《あた》えないので、適正な法律とはいえません。

また、どんなことが犯罪《はんざい》になるのか、罪《つみ》を犯《おか》したときにどんな刑罰が科せられるのかを、適正に決めておく必要《ひつよう》があります。

「チリ紙を1枚《まい》以上《いじょう》盗《ぬす》んだものは、死刑《しけい》とする」という法律（刑法）は、刑罰が重すぎて適正ではありません。

どんな悪いことをしたと思われる人でも、適正な手続きによらなければ処罰されないということも、人権の大切な一つなのです。

疑《うたが》われている人に保障《ほしょう》される権利《けんり》は?

犯罪《はんざい》を犯《おか》したと疑われている人は、起訴《きそ》される前は「被疑者《ひぎしゃ》」、起訴されると「被告人」になります。マスコミの報道ではそれぞれ「容疑者《ようぎしゃ》」「被告」と呼《よ》ばれることが多いようです。被疑者や被告人の実名を出した上で「加害者」などとして犯人扱《あつか》いするようなことは、あってはならないことです。

被疑者や被告人は、裁判《さいばん》で有罪が確定《かくてい》するまでは、加害者ではありません。「罪《つみ》を犯していない人」として扱《あつか》うのが、刑事裁判の原則です。これを「無罪の推定《すいてい》」といい、刑事裁判では、検察官が被告人が罪を犯したことを証明《しょうめい》しなければ、有罪にできません。どちらが本当かわからないときには、「疑わしきは被告人の利益《りえき》に」なる方向で決定するのがルールです。

なぜなら、被疑者や被告人は、国家権力から疑われている、もっとも弱い立場の人間だからです。

被疑者や被告人の人権を保障する条文が多いのに、被害者側の人権を保障する条文がないという人がいますが、大きな勘違《かんちが》いです。

被害者の人権は、日本国憲法条文が保障しています。もし、プライバシーを侵害《しんがい》されるなど、被害者がひどい立場に置かれてしまうことがあるなら、それは、実際《じっさい》の法律《ほうりつ》が整っていないか、捜査官など関係者の対応が間違っているかのどちらかなのです。

被疑者や被告人のおもな権利(要旨抜粋)

第33条から第39条では、被疑者や被告人のおもな権利が具体的に示《しめ》されています。

- 現行犯《げんこうはん》以外では、裁判官が発する令状《れいじょう》がなければ逮《たい》捕《ほ》されない。(33条)
- 疑われている理由を告げられ、弁護人《べんごにん》を依頼《いらい》する権利を与《あた》えられなければ身体の自由を拘束《こうそく》されない。(34条)
- 勝手に住居《じゅうきょ》に入られたり、持ち物の捜索《そうさく》を受けたりされない。捜査《そうさ》などをする場合には令状が必要。(35条)
- いかなる拷問《ごうもん》も残虐《ざんぎゃく》な刑罰《けいばつ》も絶対《ぜったい》に禁止する。(36条)
- 刑事被告人は、公平、迅速《じんそく》、公開の裁判を受けることができる。(37条)
- 自白を強要《きょうよう》されない。強要などによる自白は裁判で証《しょう》拠《こ》にできない。自白だけでは有罪にならない。(38条)
- 行為《こうい》の後でつくられた法律では処罰されない。裁判がすんだ行為は、刑事責任《せきにん》を問われない。(39条)

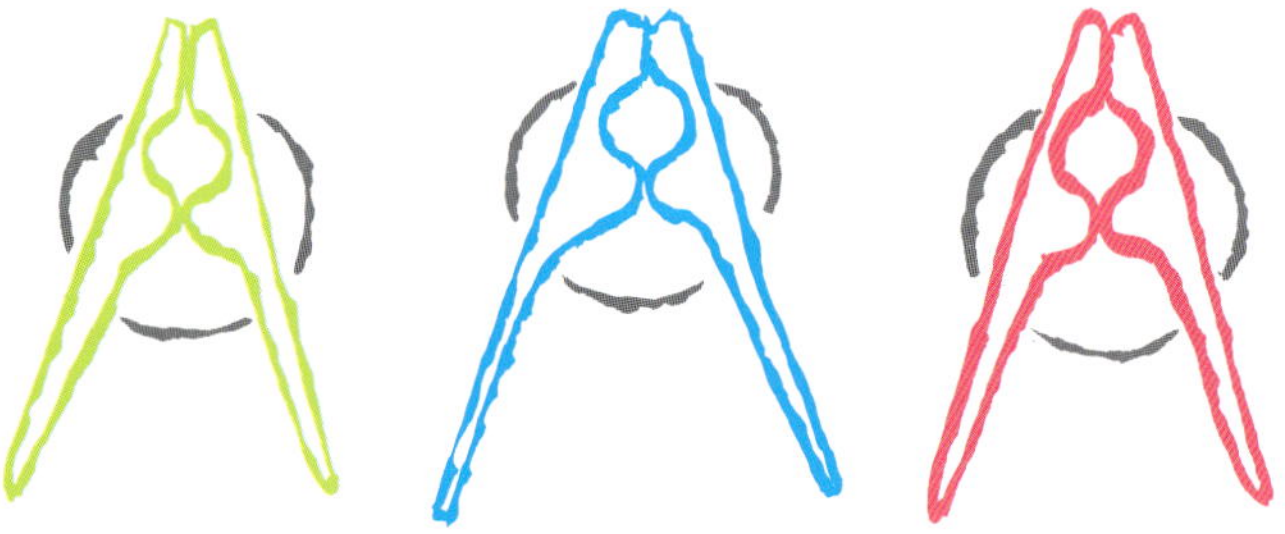

黙秘権《もくひけん》・冤罪《えんざい》・取り調べの可視化《かしか》

暴力を用いて被疑者を取り調べることはできません(第三六条)。不利益《ふりえき》な供述《きょうじゅつ》は強制されません。また、取り調べや裁判において供述を拒否《きょひ》できる黙秘権が保障されています(第三八条)。

このような権利があるにもかかわらず、これまでしばしば行き過《す》ぎた捜査や自白の強要などから、実際《じっさい》には罪を犯していない無実の人が誤《あやま》った有罪判決によって刑を受ける事件(冤罪事件)が起きてきました。このようなことを防ぐために最近《さいきん》では、取り調べを録音《ろくおん》・録画して、後からチェックするといった「取り調べの可視化」が求められています。

日《に》本《ほん》国《こく》憲《けん》法《ぽう》

（昭和《しょうわ》二十一年《ねん》十一月《がつ》三日《か》公布《こうふ》）

日本国民《にほんこくみん》は、正当《せいとう》に選挙《せんきょ》された国会《こっかい》における代表者《だいひょうしゃ》を通《つう》じて行動《こうどう》し、われらとわれらの子孫《しそん》のために、諸《しょ》国民《こくみん》との協和《きょうわ》による成果《せいか》と、わが国全土《くにぜんど》にわたつて自《じ》由《ゆう》のもたらす恵沢《けいたく》を確保《かくほ》し、政府《せいふ》の行為《こうい》によつて再《ふたた》び戦争《せんそう》の惨禍《さんか》が起《おこ》ることのないやうにすることを決意《けつい》し、ここに主権《しゅけん》が国民《こくみん》に存《そん》することを宣言《せんげん》し、この憲《けん》法《ぽう》を確定《かくてい》する。そもそも国政《こくせい》は、国民《こくみん》の厳粛《げんしゅく》な信託《しんたく》によるものであつて、その権威《けんい》は国民《こくみん》に由来《ゆらい》し、その権《けん》力《りょく》は国民《こくみん》の代表者《だいひょうしゃ》がこれを行使《こうし》し、その福利《ふくり》は国民《こくみん》がこれを享受《きょうじゅ》する。これは人類普遍《じんるいふへん》の原理《げんり》であり、この憲法《けんぽう》は、かかる原理《げんり》に基《もと》くものである。われらは、これに反《はん》する一切《いっさい》の憲法《けんぽう》、法令及《ほうれいおよ》び詔勅《しょうちょく》を排除《はいじょ》する。

日本国民《にほんこくみん》は、恒久《こうきゅう》の平和《へいわ》を念願《ねんがん》し、人間相互《にんげんそうご》の関係《かんけい》を支配《しはい》する崇高《すうこう》な理想《りそう》を深《ふか》く自覚《じかく》するのであつて、平《へい》和《わ》を愛《あい》する諸国民《しょこくみん》の公正《こうせい》と信義《しんぎ》に信頼《しんらい》して、われらの安全《あんぜん》と生存《せいぞん》を保持《ほじ》しようと決意《けつい》した。われらは、平和《へいわ》を維持《いじ》し、専制《せんせい》と隷従《れいじゅう》、圧迫《あっぱく》と偏狭《へんきょう》を地上《ちじょう》から永遠《えいえん》に除去《じょきょ》しようと努《つと》めてゐる国際社会《こくさいしゃかい》において、名誉《めいよ》ある地位《ちい》を占《し》めたいと思《おも》ふ。われらは、全世界《ぜんせかい》の国民《こくみん》が、ひとしく恐怖《きょうふ》と欠乏《けつぼう》から免《まぬ》かれ、平和《へいわ》のうちに生存《せいぞん》する権利《けんり》を有《ゆう》することを確認《かくにん》する。

われらは、いづれの国家《こっか》も、自国《じこく》のことのみに専念《せんねん》して他国《たこく》を無視《むし》してはならないのであつて、政治道徳《せいじどうとく》の法則《ほうそく》は、普遍的《ふへんてき》なものであり、この法則《ほうそく》に従《したが》ふことは、自国《じこく》の主権《しゅけん》を維持《いじ》し、他国《たこく》と対等関係《たいとうかんけい》に立《た》たうとする各国《かっこく》の責務《せきむ》であると信《しん》ずる。

日本国民《にほんこくみん》は、国家《こっか》の名誉《めいよ》にかけ、全力《ぜんりょく》をあげてこの崇高《すうこう》な理想《りそう》と目的《もくてき》を達成《たっせい》することを誓《ちか》ふ。

第《だい》一章《しょう》　天皇《てんのう》

第《だい》一条《じょう》　天皇《てんのう》は、日本国《にほんこく》の象徴《しょうちょう》であり日本国民統合《にほんこくみんとうごう》の象徴《しょうちょう》であつて、この地位《ちい》は、主権《しゅけん》の存《そん》する日本国民《にほんこくみん》の総意《そうい》に基《もと》く。

第《だい》二条《じょう》　皇位《こうい》は、世襲《せしゅう》のものであつて、国会《こっかい》の議決《ぎけつ》した皇室典範《こうしつてんぱん》の定《さだ》めるところにより、これを継承《けいしょう》する。

第《だい》三条《じょう》　天皇《てんのう》の国事《こくじ》に関《かん》するすべての行為《こうい》には、内《ない》閣《かく》の助言《じょげん》と承認《しょうにん》を必要《ひつよう》とし、内閣《ないかく》が、その責任《せきにん》を負《お》ふ。

第《だい》四条《じょう》　天皇《てんのう》は、この憲法《けんぽう》の定《さだ》める国事《こくじ》に関《かん》する行《こう》為《い》のみを行《おこな》ひ、国政《こくせい》に関《かん》する権能《けんのう》を有《ゆう》しない。

○2　天皇《てんのう》は、法律《ほうりつ》の定《さだ》めるところにより、その国《こく》事《じ》に関《かん》する行為《こうい》を委任《いにん》することができる。

第《だい》五条《じょう》　皇室典範《こうしつてんぱん》の定《さだ》めるところにより摂政《せっしょう》を置《お》くときは、摂政《せっしょう》は、天皇《てんのう》の名《な》でその国事《こくじ》に関《かん》する行為《こうい》を行《おこな》ふ。この場合《ばあい》には、前条第《ぜんじょうだい》一項《こう》の規定《きてい》を準用《じゅんよう》する。

第《だい》六条《じょう》　天皇《てんのう》は、国会《こっかい》の指名《しめい》に基《もと》いて、内閣総理大《ないかくそうりだい》臣《じん》を任命《にんめい》する。

○2　天皇《てんのう》は、内閣《ないかく》の指名《しめい》に基《もと》いて、最高裁判所《さいこうさいばんしょ》の長《ちょう》たる裁判官《さいばんかん》を任命《にんめい》する。

第《だい》七条《じょう》　天皇《てんのう》は、内閣《ないかく》の助言《じょげん》と承認《しょうにん》により、国民《こくみん》のために、左《さ》の国事《こくじ》に関《かん》する行為《こうい》を行《おこな》ふ。

一　憲法改正《けんぽうかいせい》、法律《ほうりつ》、政令及《せいれいおよ》び条約《じょうやく》を公布《こうふ》すること。

二　国会《こっかい》を召集《しょうしゅう》すること。

※青い色で示した条文は、この巻に関係するものです。

三　衆議院《しゅうぎいん》を解散《かいさん》すること。

四　国会議員《こっかいぎいん》の総選挙《そうせんきょ》の施行《しこう》を公示《こうじ》すること。

五　国務大臣《こくむだいじん》及《およ》び法律《ほうりつ》の定《さだ》めるその他《た》の官吏《かんり》の任免《にんめん》並《なら》びに全権委任状《ぜんけんいにんじょう》及《およ》び大使《たいし》及《およ》び公使《こうし》の信任状《しんにんじょう》を認証《にんしょう》すること。

六　大赦《たいしゃ》、特赦《とくしゃ》、減刑《げんけい》、刑《けい》の執行《しっこう》の免除《めんじょ》及《およ》び復権《ふくけん》を認証《にんしょう》すること。

七　栄典《えいてん》を授与《じゅよ》すること。

八　批准書《ひじゅんしょ》及《およ》び法律《ほうりつ》の定《さだ》めるその他《た》の外交文書《がいこうぶんしょ》を認証《にんしょう》すること。

九　外国《がいこく》の大使《たいし》及《およ》び公使《こうし》を接受《せつじゅ》すること。

十　儀式《ぎしき》を行《おこな》ふこと。

第八条《だいはちじょう》　皇室《こうしつ》に財産《ざいさん》を譲《ゆず》り渡《わた》し、又《また》は皇室《こうしつ》が、財産《ざいさん》を譲《ゆず》り受《う》け、若《も》しくは賜与《しよ》することは、国会《こっかい》の議決《ぎけつ》に基《もとづ》かなければならない。

第二章《だいにしょう》　戦争《せんそう》の放棄《ほうき》

第九条《だいきゅうじょう》　日本国民《にほんこくみん》は、正義《せいぎ》と秩序《ちつじょ》を基調《きちょう》とする国際《こくさい》平和《へいわ》を誠実《せいじつ》に希求《ききゅう》し、国権《こっけん》の発動《はつどう》たる戦争《せんそう》と、武力《ぶりょく》による威嚇又《いかくまた》は武力《ぶりょく》の行使《こうし》は、国際紛争《こくさいふんそう》を解決《かいけつ》する手段《しゅだん》としては、永久《えいきゅう》にこれを放棄《ほうき》する。

○2　前項《ぜんこう》の目的《もくてき》を達《たっ》するため、陸海空軍《りくかいくうぐん》その他《た》の戦力《せんりょく》は、これを保持《ほじ》しない。国《くに》の交戦権《こうせんけん》は、これを認《みと》めない。

第三章《だいさんしょう》　国民《こくみん》の権利《けんり》及《およ》び義務《ぎむ》

第十条《だいじゅうじょう》　日本国民《にほんこくみん》たる要件《ようけん》は、法律《ほうりつ》でこれを定《さだ》める。

第十一条《だいじゅういちじょう》　国民《こくみん》は、すべての基本的人権《きほんてきじんけん》の享有《きょうゆう》を妨《さまた》げられない。この憲法《けんぽう》が国民《こくみん》に保障《ほしょう》する基本的人権《きほんてきじんけん》は、侵《おか》すことのできない永久《えいきゅう》の権利《けんり》として、現在及《げんざいおよ》び将来《しょうらい》の国民《こくみん》に与《あた》へられる。

第十二条《だいじゅうにじょう》　この憲法《けんぽう》が国民《こくみん》に保障《ほしょう》する自由及《じゆうおよ》び権利《けんり》は、国民《こくみん》の不断《ふだん》の努力《どりょく》によつて、これを保持《ほじ》しなければならない。又《また》、国民《こくみん》は、これを濫用《らんよう》してはならないのであつて、常《つね》に公共《こうきょう》の福祉《ふくし》のためにこれを利用《りよう》する責任《せきにん》を負《お》ふ。

第十三条《だいじゅうさんじょう》　すべて国民《こくみん》は、個人《こじん》として尊重《そんちょう》される。生命《せいめい》、自由及《じゆうおよ》び幸福追求《こうふくついきゅう》に対《たい》する国民《こくみん》の権利《けんり》については、公共《こうきょう》の福祉《ふくし》に反《はん》しない限《かぎ》り、立法《りっぽう》その他《た》の国政《こくせい》の上《うえ》で、最大《さいだい》の尊重《そんちょう》を必要《ひつよう》とする。

第十四条《だいじゅうよじょう》　すべて国民《こくみん》は、法《ほう》の下《もと》に平等《びょうどう》であつて、人種《じんしゅ》、信条《しんじょう》、性別《せいべつ》、社会的身分又《しゃかいてきみぶんまた》は門地《もんち》により、政治《せいじ》的《てき》、経済的又《けいざいてきまた》は社会的関係《しゃかいてきかんけい》において、差別《さべつ》されない。

○2　華族《かぞく》その他《た》の貴族《きぞく》の制度《せいど》は、これを認《みと》めない。

○3　栄誉《えいよ》、勲章《くんしょう》その他《た》の栄典《えいてん》の授与《じゅよ》は、いかなる特権《とっけん》も伴《ともな》はない。栄典《えいてん》の授与《じゅよ》は、現《げん》にこれを有《ゆう》し、又《また》は将来《しょうらい》これを受《う》ける者《もの》の一代《いちだい》に限《かぎ》り、その効力《こうりょく》を有《ゆう》する。

第十五条《だいじゅうごじょう》　公務員《こうむいん》を選定《せんてい》し、及《およ》びこれを罷免《ひめん》することは、国民固有《こくみんこゆう》の権利《けんり》である。

○2　すべて公務員《こうむいん》は、全体《ぜんたい》の奉仕者《ほうししゃ》であつて、一《いち》部《ぶ》の奉仕者《ほうししゃ》ではない。

○3　公務員《こうむいん》の選挙《せんきょ》については、成年者《せいねんしゃ》による普通《ふつう》選挙《せんきょ》を保障《ほしょう》する。

○4　すべて選挙《せんきょ》における投票《とうひょう》の秘密《ひみつ》は、これを侵《おか》してはならない。選挙人《せんきょにん》は、その選択《せんたく》に関《かん》し公的《こうてき》にも私的《してき》にも責任《せきにん》を問《と》はれない。

第十六条《だいじゅうろくじょう》　何人《なんぴと》も、損害《そんがい》の救済《きゅうさい》、公務員《こうむいん》の罷免《ひめん》、法律《ほうりつ》、命令又《めいれいまた》は規則《きそく》の制定《せいてい》、廃止又《はいしまた》は改正《かいせい》その他《た》の事項《じこう》に関《かん》し、平穏《へいおん》に請願《せいがん》する権利《けんり》を有《ゆう》し、何人《なんぴと》も、かかる請願《せいがん》をしたためにいかなる差別待遇《さべつたいぐう》も受《う》けない。

第十七条《だいじゅうななじょう》　何人《なんぴと》も、公務員《こうむいん》の不法行為《ふほうこうい》により、損害《そんがい》を受《う》けたときは、法律《ほうりつ》の定《さだ》めるところにより、国又《くにまた》は公共団体《こうきょうだんたい》に、その賠償《ばいしょう》を求《もと》めることができる。

第十八条《だいじゅうはちじょう》　何人《なんぴと》も、いかなる奴隷的拘束《どれいてきこうそく》も受《う》けない。又《また》、犯罪《はんざい》に因《よ》る処罰《しょばつ》の場合《ばあい》を除《のぞ》いては、その意《い》に反《はん》する苦役《くえき》に服《ふく》させられない。

第十九条《だいじゅうくじょう》　思想及《しそうおよ》び良心《りょうしん》の自由《じゆう》は、これを侵《おか》してはならない。

第二十条《だいにじゅうじょう》　信教《しんきょう》の自由《じゆう》は、何人《なんぴと》に対《たい》してもこれを保《ほ》障《しょう》する。いかなる宗教団体《しゅうきょうだんたい》も、国《くに》から特権《とっけん》を受《う》け、又《また》は政治上《せいじじょう》の権力《けんりょく》を行使《こうし》してはならない。

○2　何人《なんぴと》も、宗教上《しゅうきょうじょう》の行為《こうい》、祝典《しゅくてん》、儀式又《ぎしきまた》は行事《ぎょうじ》に参加《さんか》することを強制《きょうせい》されない。

○3　国及《くにおよ》びその機関《きかん》は、宗教《しゅうきょう》教育《きょういく》その他《た》いかなる宗教的活動《しゅうきょうてきかつどう》もしてはならない。

第二十一条《だいにじゅういちじょう》　集会《しゅうかい》、結社及《けっしゃおよ》び言論《げんろん》、出版《しゅっぱん》その他《た》一切《いっさい》の表現《ひょうげん》の自由《じゆう》は、これを保障《ほしょう》する。

○2　検閲《けんえつ》は、これをしてはならない。通信《つうしん》の秘密《ひみつ》は、これを侵《おか》してはならない。

第二十二条《だいにじゅうにじょう》　何人《なんぴと》も、公共《こうきょう》の福祉《ふくし》に反《はん》しない限《かぎ》り、居住《きょじゅう》、移転《いてん》及《およ》び職業選択《しょくぎょうせんたく》の自由《じゆう》を有《ゆう》する。

○2　何人《なんぴと》も、外国《がいこく》に移住《いじゅう》し、又《また》は国籍《こくせき》を離脱《りだつ》する自由《じゆう》を侵《おか》されない。

第《だい》二十三条《じょう》　学問《がくもん》の自由《じゆう》は、これを保障《ほしょう》する。

第《だい》二十四条《じょう》　婚姻《こんいん》は、両性《りょうせい》の合意《ごうい》のみに基《もとづ》いて成立《せいりつ》し、夫婦《ふうふ》が同等《どうとう》の権利《けんり》を有《ゆう》することを基本《きほん》として、相《そう》互《ご》の協力《きょうりょく》により、維持《いじ》されなければならない。

○2　配偶者《はいぐうしゃ》の選択《せんたく》、財産権《ざいさんけん》、相続《そうぞく》、住居《じゅうきょ》の選定《せんてい》、離婚《りこん》並《なら》びに婚姻《こんいん》及《およ》び家族《かぞく》に関《かん》するその他《た》の事項《じこう》に関《かん》しては、法律《ほうりつ》は、個人《こじん》の尊厳《そんげん》と両性《りょうせい》の本質的平等《ほんしつてきびょうどう》に立脚《りっきゃく》して、制定《せいてい》されなければならない。

第《だい》二十五条《じょう》　すべて国民《こくみん》は、健康《けんこう》で文化的《ぶんかてき》な最低限《さいていげん》度《ど》の生活《せいかつ》を営《いとな》む権利《けんり》を有《ゆう》する。

○2　国《くに》は、すべての生活部面《せいかつぶめん》について、社会福祉《しゃかいふくし》、社会保障《しゃかいほしょう》及《およ》び公衆衛生《こうしゅうえいせい》の向上《こうじょう》及《およ》び増進《ぞうしん》に努《つと》めなければならない。

第《だい》二十六条《じょう》　すべて国民《こくみん》は、法律《ほうりつ》の定《さだ》めるところにより、その能力《のうりょく》に応《おう》じて、ひとしく教育《きょういく》を受《う》ける権利《けんり》を有《ゆう》する。

○2　すべて国民《こくみん》は、法律《ほうりつ》の定《さだ》めるところにより、その保護《ほご》する子女《しじょ》に普通教育《ふつうきょういく》を受《う》けさせる義務《ぎむ》を負《お》ふ。義務教育《ぎむきょういく》は、これを無償《むしょう》とする。

第《だい》二十七条《じょう》　すべて国民《こくみん》は、勤労《きんろう》の権利《けんり》を有《ゆう》し、義《ぎ》務《む》を負《お》ふ。

○2　賃金《ちんぎん》、就業時間《しゅうぎょうじかん》、休息《きゅうそく》その他《た》の勤労条件《きんろうじょうけん》に関《かん》する基準《きじゅん》は、法律《ほうりつ》でこれを定《さだ》める。

○3　児童《じどう》は、これを酷使《こくし》してはならない。

第《だい》二十八条《じょう》　勤労者《きんろうしゃ》の団結《だんけつ》する権利《けんり》及《およ》び団体交渉《だんたいこうしょう》その他《た》の団体行動《だんたいこうどう》をする権利《けんり》は、これを保障《ほしょう》する。

第《だい》二十九条《じょう》　財産権《ざいさんけん》は、これを侵《おか》してはならない。

○2　財産権《ざいさんけん》の内容《ないよう》は、公共《こうきょう》の福祉《ふくし》に適合《てきごう》するやうに、法律《ほうりつ》でこれを定《さだ》める。

○3　私有財産《しゆうざいさん》は、正当《せいとう》な補償《ほしょう》の下《もと》に、これを公共《こうきょう》のために用《もち》ひることができる。

第《だい》三十条《じょう》　国民《こくみん》は、法律《ほうりつ》の定《さだ》めるところにより、納《のう》税《ぜい》の義務《ぎむ》を負《お》ふ。

第《だい》三十一条《じょう》　何人《なんぴと》も、法律《ほうりつ》の定《さだ》める手続《てつづき》によらなければ、その生命《せいめい》若《も》しくは自由《じゆう》を奪《うば》はれ、又《また》はその他《た》の刑罰《けいばつ》を科《か》せられない。

第《だい》三十二条《じょう》　何人《なんぴと》も、裁判所《さいばんしょ》において裁判《さいばん》を受《う》ける権利《けんり》を奪《うば》はれない。

第《だい》三十三条《じょう》　何人《なんぴと》も、現行犯《げんこうはん》として逮捕《たいほ》される場合《ばあい》を除《のぞ》いては、権限《けんげん》を有《ゆう》する司法官憲《しほうかんけん》が発《はっ》し、且《か》つ理由《りゆう》となつてゐる犯罪《はんざい》を明示《めいじ》する令状《れいじょう》によらなければ、逮《たい》捕《ほ》されない。

第《だい》三十四条《じょう》　何人《なんぴと》も、理由《りゆう》を直《ただ》ちに告《つ》げられ、且《か》つ、直《ただ》ちに弁護人《べんごにん》に依頼《いらい》する権利《けんり》を与《あた》へられなければ、抑《よく》留《りゅう》又《また》は拘禁《こうきん》されない。又《また》、何人《なんぴと》も、正当《せいとう》な理由《りゆう》がなければ、拘禁《こうきん》されず、要求《ようきゅう》があれば、その理由《りゆう》は、直《ただ》ちに本人《ほんにん》及《およ》びその弁護人《べんごにん》の出席《しゅっせき》する公開《こうかい》の法廷《ほうてい》で示《しめ》されなければならない。

第《だい》三十五条《じょう》　何人《なんぴと》も、その住居《じゅうきょ》、書類《しょるい》及《およ》び所持品《しょじひん》について、侵入《しんにゅう》、捜索《そうさく》及《およ》び押収《おうしゅう》を受《う》けることのない権利《けんり》は、第《だい》三十三条《じょう》の場合《ばあい》を除《のぞ》いては、正当《せいとう》な理由《りゆう》に基《もとづ》いて発《はっ》せられ、且《か》つ捜索《そうさく》する場所《ばしょ》及《およ》び押収《おうしゅう》する物《もの》を明示《めいじ》する令状《れいじょう》がなければ、侵《おか》されない。

○2　捜索《そうさく》又《また》は押収《おうしゅう》は、権限《けんげん》を有《ゆう》する司法官憲《しほうかんけん》が発《はっ》する各別《かくべつ》の令状《れいじょう》により、これを行《おこな》ふ。

第《だい》三十六条《じょう》　公務員《こうむいん》による拷問《ごうもん》及《およ》び残虐《ざんぎゃく》な刑罰《けいばつ》は、絶対《ぜったい》にこれを禁《きん》ずる。

第《だい》三十七条《じょう》　すべて刑事事件《けいじじけん》においては、被告人《ひこくにん》は、公平《こうへい》な裁判所《さいばんしょ》の迅速《じんそく》な公開裁判《こうかいさいばん》を受《う》ける権利《けんり》を有《ゆう》する。

○2　刑事被告人《けいじひこくにん》は、すべての証人《しょうにん》に対《たい》して審問《しんもん》する機会《きかい》を充分《じゅうぶん》に与《あた》へられ、又《また》、公費《こうひ》で自己《じこ》のために強《きょう》制的手続《せいてきてつづき》により証人《しょうにん》を求《もと》める権利《けんり》を有《ゆう》する。

○3　刑事被告人《けいじひこくにん》は、いかなる場合《ばあい》にも、資格《しかく》を有《ゆう》する弁護人《べんごにん》を依頼《いらい》することができる。被告人《ひこくにん》が自《みずか》らこれを依頼《いらい》することができないときは、国《くに》でこれを附《ふ》する。

第《だい》三十八条《じょう》　何人《なんぴと》も、自己《じこ》に不利益《ふりえき》な供述《きょうじゅつ》を強要《きょうよう》されない。

○2　強制《きょうせい》、拷問《ごうもん》若《も》しくは脅迫《きょうはく》による自白《じはく》又《また》は不当《ふとう》に長《なが》く抑留《よくりゅう》若《も》しくは拘禁《こうきん》された後《のち》の自白《じはく》は、これを証《しょう》拠《こ》とすることができない。

○3　何人《なんぴと》も、自己《じこ》に不利益《ふりえき》な唯一《ゆいいつ》の証拠《しょうこ》が本人《ほんにん》の自白《じはく》である場合《ばあい》には、有罪《ゆうざい》とされ、又《また》は刑罰《けいばつ》を科《か》せられない。

第《だい》三十九条《じょう》　何人《なんぴと》も、実行《じっこう》の時《とき》に適法《てきほう》であつた行為《こうい》又《また》は既《すで》に無罪《むざい》とされた行為《こうい》については、刑事上《けいじじょう》の責任《せきにん》を問《と》はれない。又《また》、同一《どういつ》の犯罪《はんざい》について、重《かさ》ねて刑事《けいじ》上《じょう》の責任《せきにん》を問《と》はれない。

第《だい》四十条《じょう》　何人《なんぴと》も、抑留又《よくりゅうまた》は拘禁《こうきん》された後《のち》、無罪《むざい》の裁判《さいばん》を受《う》けたときは、法律《ほうりつ》の定《さだ》めるところにより、国《くに》にその補償《ほしょう》を求《もと》めることができる。

第《だい》四章《しょう》　国会《こっかい》

第《だい》四十一条《じょう》　国会《こっかい》は、国権《こっけん》の最高機関《さいこうきかん》であつて、国《くに》の唯一《ゆいいつ》の立法機関《りっぽうきかん》である。

第《だい》四十二条《じょう》　国会《こっかい》は、衆議院及《しゅうぎいんおよ》び参議院《さんぎいん》の両議院《りょうぎいん》でこれを構成《こうせい》する。

第《だい》四十三条《じょう》　両議院《りょうぎいん》は、全国民《ぜんこくみん》を代表《だいひょう》する選挙《せんきょ》された議員《ぎいん》でこれを組織《そしき》する。

○2　両議院《りょうぎいん》の議員《ぎいん》の定数《ていすう》は、法律《ほうりつ》でこれを定《さだ》める。

第《だい》四十四条《じょう》　両議院《りょうぎいん》の議員及《ぎいんおよ》びその選挙人《せんきょにん》の資格《しかく》は、法律《ほうりつ》でこれを定《さだ》める。但《ただ》し、人種《じんしゅ》、信条《しんじょう》、性別《せいべつ》、社会《しゃかい》的《てき》身分《みぶん》、門地《もんち》、教育《きょういく》、財産又《ざいさんまた》は収入《しゅうにゅう》によつて差別《さべつ》してはならない。

第《だい》四十五条《じょう》　衆議院議員《しゅうぎいんぎいん》の任期《にんき》は、四年《ねん》とする。但《ただ》し、衆議院解散《しゅうぎいんかいさん》の場合《ばあい》には、その期間満了前《きかんまんりょうまえ》に終了《しゅうりょう》する。

第《だい》四十六条《じょう》　参議院議員《さんぎいんぎいん》の任期《にんき》は、六年《ねん》とし、三年《ねん》ごとに議員《ぎいん》の半数《はんすう》を改選《かいせん》する。

第《だい》四十七条《じょう》　選挙区《せんきょく》、投票《とうひょう》の方法《ほうほう》その他両議院《たりょうぎいん》の議員《ぎいん》の選挙《せんきょ》に関《かん》する事項《じこう》は、法律《ほうりつ》でこれを定《さだ》める。

第《だい》四十八条《じょう》　何人《なんぴと》も、同時《どうじ》に両議院《りょうぎいん》の議員《ぎいん》たることはできない。

第《だい》四十九条《じょう》　両議院《りょうぎいん》の議員《ぎいん》は、法律《ほうりつ》の定《さだ》めるところにより、国庫《こっこ》から相当額《そうとうがく》の歳費《さいひ》を受《う》ける。

第《だい》五十条《じょう》　両議院《りょうぎいん》の議員《ぎいん》は、法律《ほうりつ》の定《さだ》める場合《ばあい》を除《のぞ》いては、国会《こっかい》の会期中逮捕《かいきちゅうたいほ》されず、会期前《かいきまえ》に逮捕《たいほ》された議員《ぎいん》は、その議院《ぎいん》の要求《ようきゅう》があれば、会期中《かいきちゅう》これを釈放《しゃくほう》しなければならない。

第《だい》五十一条《じょう》　両議院《りょうぎいん》の議員《ぎいん》は、議院《ぎいん》で行《おこな》つた演説《えんぜつ》、討論又《とうろんまた》は表決《ひょうけつ》について、院外《いんがい》で責任《せきにん》を問《と》はれない。

第《だい》五十二条《じょう》　国会《こっかい》の常会《じょうかい》は、毎年《まいねん》一回《かい》これを召集《しょうしゅう》する。

第《だい》五十三条《じょう》　内閣《ないかく》は、国会《こっかい》の臨時会《りんじかい》の召集《しょうしゅう》を決定《けってい》することができる。いづれかの議院《ぎいん》の総議員《そうぎいん》の四分《ぶん》の一以上《いじょう》の要求《ようきゅう》があれば、内閣《ないかく》は、その召集《しょうしゅう》を決定《けってい》しなければならない。

第《だい》五十四条《じょう》　衆議院《しゅうぎいん》が解散《かいさん》されたときは、解散《かいさん》の日《ひ》から四十日《にち》以内《いない》に、衆議院議員《しゅうぎいんぎいん》の総選挙《そうせんきょ》を行《おこな》ひ、その選挙《せんきょ》の日《ひ》から三十日《にち》以内《いない》に、国会《こっかい》を召集《しょうしゅう》しなければならない。

○2　衆議院《しゅうぎいん》が解散《かいさん》されたときは、参議院《さんぎいん》は、同時《どうじ》に閉会《へいかい》となる。但《ただ》し、内閣《ないかく》は、国《くに》に緊急《きんきゅう》の必要《ひつよう》があるときは、参議院《さんぎいん》の緊急集会《きんきゅうしゅうかい》を求《もと》めることができる。

○3　前項但書《ぜんこうただしがき》の緊急集会《きんきゅうしゅうかい》において採《と》られた措置《そち》は、臨時《りんじ》のものであつて、次《つぎ》の国会開会《こっかいかいかい》の後《のち》十日《か》以内《いない》に、衆議院《しゅうぎいん》の同意《どうい》がない場合《ばあい》には、その効力《こうりょく》を失《うしな》ふ。

第《だい》五十五条《じょう》　両議院《りょうぎいん》は、各々《おのおの》その議員《ぎいん》の資格《しかく》に関《かん》する争訟《そうしょう》を裁判《さいばん》する。但《ただ》し、議員《ぎいん》の議席《ぎせき》を失《うしな》はせるには、出席議員《しゅっせきぎいん》の三分《ぶん》の二以上《いじょう》の多数《たすう》による議決《ぎけつ》を必要《ひつよう》とする。

第《だい》五十六条《じょう》　両議院《りょうぎいん》は、各々《おのおの》その総議員《そうぎいん》の三分《ぶん》の一以上《いじょう》の出席《しゅっせき》がなければ、議事《ぎじ》を開《ひら》き議決《ぎけつ》することができない。

○2　両議院《りょうぎいん》の議事《ぎじ》は、この憲法《けんぽう》に特別《とくべつ》の定《さだめ》のある場合《ばあい》を除《のぞ》いては、出席議員《しゅっせきぎいん》の過半数《かはんすう》でこれを決《けっ》し、可《か》否同数《ひどうすう》のときは、議長《ぎちょう》の決《けっ》するところによる。

第《だい》五十七条《じょう》　両議院《りょうぎいん》の会議《かいぎ》は、公開《こうかい》とする。但《ただ》し、出席議員《しゅっせきぎいん》の三分《ぶん》の二以上《いじょう》の多数《たすう》で議決《ぎけつ》したときは、秘密会《ひみつかい》を開《ひら》くことができる。

○2　両議院《りょうぎいん》は、各々《おのおの》その会議《かいぎ》の記録《きろく》を保存《ほぞん》し、秘密会《ひみっかい》の記録《きろく》の中《なか》で特《とく》に秘密《ひみつ》を要《よう》すると認《みと》められるもの以外《いがい》は、これを公表《こうひょう》し、且《か》つ一般《いっぱん》に頒布《はんぷ》しなければならない。

○3　出席議員《しゅっせきぎいん》の五分《ぶん》の一以上《いじょう》の要求《ようきゅう》があれば、各《かく》議員《ぎいん》の表決《ひょうけつ》は、これを会議録《かいぎろく》に記載《きさい》しなければならない。

第《だい》五十八条《じょう》　両議院《りょうぎいん》は、各々《おのおの》その議長《ぎちょう》その他《た》の役員《やくいん》を選任《せんにん》する。

○2　両議院《りょうぎいん》は、各々《おのおの》その会議《かいぎ》その他《た》の手続及《てつづきおよ》び内部《ないぶ》の規律《きりつ》に関《かん》する規則《きそく》を定《さだ》め、又《また》、院内《いんない》の秩序《ちつじょ》をみだした議員《ぎいん》を懲罰《ちょうばつ》することができる。但《ただ》し、議員《ぎいん》を除名《じょめい》するには、出席議員《しゅっせきぎいん》の三分《ぶん》の二以上《いじょう》の多数《たすう》による議決《ぎけつ》を必要《ひつよう》とする。

第《だい》五十九条《じょう》　法律案《ほうりつあん》は、この憲法《けんぽう》に特別《とくべつ》の定《さだめ》のある場合《ばあい》を除《のぞ》いては、両議院《りょうぎいん》で可決《かけつ》したとき法律《ほうりつ》となる。

○2　衆議院《しゅうぎいん》で可決《かけつ》し、参議院《さんぎいん》でこれと異《こと》なつた議決《ぎけつ》をした法律案《ほうりつあん》は、衆議院《しゅうぎいん》で出席議員《しゅっせきぎいん》の三分《ぶん》の二以上《いじょう》の多数《たすう》で再《ふたた》び可決《かけつ》したときは、法律《ほうりつ》となる。

○3　前項《ぜんこう》の規定《きてい》は、法律《ほうりつ》の定《さだ》めるところにより、衆議院《しゅうぎいん》が、両議院《りょうぎいん》の協議会《きょうぎかい》を開《ひら》くことを求《もと》めることを妨《さまた》げない。

○4　参議院《さんぎいん》が、衆議院《しゅうぎいん》の可決《かけつ》した法律案《ほうりつあん》を受《う》け取《と》つた後《のち》、国会休会中《こっかいきゅうかいちゅう》の期間《きかん》を除《のぞ》いて六十日以内《にちいない》に、議決《ぎけつ》しないときは、衆議院《しゅうぎいん》は、参議院《さんぎいん》がその法律案《ほうりつあん》を否決《ひけつ》したものとみなすことができる。

第《だい》六十条《じょう》　予算《よさん》は、さきに衆議院《しゅうぎいん》に提出《ていしゅつ》しなければならない。

○2　予算《よさん》について、参議院《さんぎいん》で衆議院《しゅうぎいん》と異《こと》なつた議決《ぎけつ》をした場合《ばあい》に、法律《ほうりつ》の定《さだ》めるところにより、両議院《りょうぎいん》の協議会《きょうぎかい》を開《ひら》いても意見《いけん》が一致《いっち》しないとき、又《また》は参議院《さんぎいん》が、衆議院《しゅうぎいん》の可決《かけつ》した予算《よさん》を受《う》け取《と》つた後《のち》、国会休会中《こっかいきゅうかいちゅう》の期間《きかん》を除《のぞ》いて三十日以内《にちいない》に、議決《ぎけつ》しないときは、衆議院《しゅうぎいん》の議決《ぎけつ》を国会《こっかい》の議決《ぎけつ》とする。

第《だい》六十一条《じょう》　条約《じょうやく》の締結《ていけつ》に必要《ひつよう》な国会《こっかい》の承認《しょうにん》については、前条第《ぜんじょうだい》二項《こう》の規定《きてい》を準用《じゅんよう》する。

第《だい》六十二条《じょう》　両議院《りょうぎいん》は、各々国政《おのおのこくせい》に関《かん》する調査《ちょうさ》を行《おこな》ひ、これに関《かん》して、証人《しょうにん》の出頭及《しゅっとうおよ》び証言並《しょうげんなら》びに記録《きろく》の提出《ていしゅつ》を要求《ようきゅう》することができる。

第《だい》六十三条《じょう》　内閣総理大臣《ないかくそうりだいじん》その他《た》の国務大臣《こくむだいじん》は、両議院《りょうぎいん》の一に議席《ぎせき》を有《ゆう》すると有《ゆう》しないとにかかはらず、何時《いつ》でも議案《ぎあん》について発言《はつげん》するため議院《ぎいん》に出席《しゅっせき》することができる。又《また》、答弁又《とうべんまた》は説明《せつめい》のため出席《しゅっせき》を求《もと》められたときは、出席《しゅっせき》しなければならない。

第《だい》六十四条《じょう》　国会《こっかい》は、罷免《ひめん》の訴追《そつい》を受《う》けた裁判官《さいばんかん》を裁判《さいばん》するため、両議院《りょうぎいん》の議員《ぎいん》で組織《そしき》する弾劾裁判所《だんがいさいばんしょ》を設《もう》ける。

○2　弾劾《だんがい》に関《かん》する事項《じこう》は、法律《ほうりつ》でこれを定《さだ》める。

第《だい》五章《しょう》　内閣《ないかく》

第《だい》六十五条《じょう》　行政権《ぎょうせいけん》は、内閣《ないかく》に属《ぞく》する。

第《だい》六十六条《じょう》　内閣《ないかく》は、法律《ほうりつ》の定《さだ》めるところにより、その首長《しゅちょう》たる内閣総理大臣及《ないかくそうりだいじんおよ》びその他《た》の国務大臣《こくむだいじん》でこれを組織《そしき》する。

○2　内閣総理大臣《ないかくそうりだいじん》その他《た》の国務大臣《こくむだいじん》は、文民《ぶんみん》でなければならない。

○3　内閣《ないかく》は、行政権《ぎょうせいけん》の行使《こうし》について、国会《こっかい》に対《たい》し連帯《れんたい》して責任《せきにん》を負《お》ふ。

第《だい》六十七条《じょう》　内閣総理大臣《ないかくそうりだいじん》は、国会議員《こっかいぎいん》の中《なか》から国会《こっかい》の議決《ぎけつ》で、これを指名《しめい》する。この指名《しめい》は、他《た》のすべての案件《あんけん》に先《さき》だつて、これを行《おこな》ふ。

○2　衆議院《しゅうぎいん》と参議院《さんぎいん》とが異《こと》なつた指名《しめい》の議決《ぎけつ》をした場合《ばあい》に、法律《ほうりつ》の定《さだ》めるところにより、両議院《りょうぎいん》の協議《きょうぎ》会《かい》を開《ひら》いても意見《いけん》が一致《いっち》しないとき、又《また》は衆議院《しゅうぎいん》が指《し》名《めい》の議決《ぎけつ》をした後《あと》、国会休会中《こっかいきゅうかいちゅう》の期間《きかん》を除《のぞ》いて十日《か》以《い》内《ない》に、参議院《さんぎいん》が、指名《しめい》の議決《ぎけつ》をしないときは、衆議院《しゅうぎいん》の議決《ぎけつ》を国会《こっかい》の議決《ぎけつ》とする。

第《だい》六十八条《じょう》　内閣総理大臣《ないかくそうりだいじん》は、国務大臣《こくむだいじん》を任命《にんめい》する。但《ただ》し、その過半数《かはんすう》は、国会議員《こっかいぎいん》の中《なか》から選《えら》ばれなければならない。

○2　内閣総理大臣《ないかくそうりだいじん》は、任意《にんい》に国務大臣《こくむだいじん》を罷免《ひめん》することができる。

第《だい》六十九条《じょう》　内閣《ないかく》は、衆議院《しゅうぎいん》で不信任《ふしんにん》の決議案《けつぎあん》を可《か》決《けつ》し、又《また》は信任《しんにん》の決議案《けつぎあん》を否決《ひけつ》したときは、十日《か》以内《いない》に衆議院《しゅうぎいん》が解散《かいさん》されない限《かぎ》り、総辞職《そうじしょく》をしなければならない。

第《だい》七十条《じょう》　内閣総理大臣《ないかくそうりだいじん》が欠《か》けたとき、又《また》は衆議院《しゅうぎいん》議員総選挙《ぎいんそうせんきょ》の後《あと》に初《はじ》めて国会《こっかい》の召集《しょうしゅう》があつたときは、内閣《ないかく》は、総辞職《そうじしょく》をしなければならない。

第《だい》七十一条《じょう》　前《ぜん》二条《じょう》の場合《ばあい》には、内閣《ないかく》は、あらたに内閣総理大臣《ないかくそうりだいじん》が任命《にんめい》されるまで引《ひ》き続《つづ》きその職務《しょくむ》を行《おこな》ふ。

第《だい》七十二条《じょう》　内閣総理大臣《ないかくそうりだいじん》は、内閣《ないかく》を代表《だいひょう》して議案《ぎあん》を国会《こっかい》に提出《ていしゅつ》し、一般国務及《いっぱんこくむおよ》び外交関係《がいこうかんけい》について国会《こっかい》に報告《ほうこく》し、並《なら》びに行政各部《ぎょうせいかくぶ》を指揮監督《しきかんとく》する。

第《だい》七十三条《じょう》　内閣《ないかく》は、他《た》の一般行政事務《いっぱんぎょうせいじむ》の外《ほか》、左《さ》の事務《じむ》を行《おこな》ふ。

一　法律《ほうりつ》を誠実《せいじつ》に執行《しっこう》し、国務《こくむ》を総理《そうり》すること。

二　外交関係《がいこうかんけい》を処理《しょり》すること。

三　条約《じょうやく》を締結《ていけつ》すること。但《ただ》し、事前《じぜん》に、時宜《じぎ》によつては事後《じご》に、国会《こっかい》の承認《しょうにん》を経《へ》ることを必要《ひつよう》とする。

四　法律《ほうりつ》の定《さだ》める基準《きじゅん》に従《したが》ひ、官吏《かんり》に関《かん》する事務《じむ》を掌理《しょうり》すること。

五　予算《よさん》を作成《さくせい》して国会《こっかい》に提出《ていしゅつ》すること。

六　この憲法及《けんぽうおよ》び法律《ほうりつ》の規定《きてい》を実施《じっし》するために、政《せい》令《れい》を制定《せいてい》すること。但《ただ》し、政令《せいれい》には、特《とく》にその法律《ほうりつ》の委任《いにん》がある場合《ばあい》を除《のぞ》いては、罰則《ばっそく》を設《もう》けることができない。

七　大赦《たいしゃ》、特赦《とくしゃ》、減刑《げんけい》、刑《けい》の執行《しっこう》の免除及《めんじょおよ》び復権《ふくけん》を決定《けってい》すること。

第《だい》七十四条《じょう》　法律《ほうりつ》及《およ》び政令《せいれい》には、すべて主任《しゅにん》の国務《こくむ》大臣《だいじん》が署名《しょめい》し、内閣総理大臣《ないかくそうりだいじん》が連署《れんしょ》することを必要《ひつよう》とする。

第《だい》七十五条《じょう》　国務大臣《こくむだいじん》は、その在任中《ざいにんちゅう》、内閣総理大《ないかくそうりだい》臣《じん》の同意《どうい》がなければ、訴追《そつい》されない。但《ただ》し、これがため、訴追《そつい》の権利《けんり》は、害《がい》されない。

第《だい》六章《しょう》　司法《しほう》

第《だい》七十六条《じょう》　すべて司法権《しほうけん》は、最高裁判所《さいこうさいばんしょ》及《およ》び法律《ほうりつ》の定《さだ》めるところにより設置《せっち》する下級裁判所《かきゅうさいばんしょ》に属《ぞく》する。

○2　特別裁判所《とくべつさいばんしょ》は、これを設置《せっち》することができない。行政機関《ぎょうせいきかん》は、終審《しゅうしん》として裁判《さいばん》を行《おこな》ふことができない。

○3　すべて裁判官《さいばんかん》は、その良心《りょうしん》に従《したが》ひ独立《どくりつ》してその職権《しょっけん》を行《おこな》ひ、この憲法《けんぽう》及《およ》び法律《ほうりつ》にのみ拘束《こうそく》される。

第《だい》七十七条《じょう》　最高裁判所《さいこうさいばんしょ》は、訴訟《そしょう》に関《かん》する手続《てつづき》、弁《べん》護士《ごし》、裁判所《さいばんしょ》の内部規律《ないぶきりつ》及《およ》び司法事務処理《しほうじむしょり》に関《かん》する事《じ》項《こう》について、規則《きそく》を定《さだ》める権限《けんげん》を有《ゆう》する。

○2　検察官《けんさつかん》は、最高裁判所《さいこうさいばんしょ》の定《さだ》める規則《きそく》に従《したが》はなければならない。

○3　最高裁判所《さいこうさいばんしょ》は、下級裁判所《かきゅうさいばんしょ》に関《かん》する規則《きそく》を定《さだ》める権限《けんげん》を、下級裁判所《かきゅうさいばんしょ》に委任《いにん》することができる。

第《だい》七十八条《じょう》　裁判官《さいばんかん》は、裁判《さいばん》により、心身《しんしん》の故障《こしょう》のために職務《しょくむ》を執《と》ることができないと決定《けってい》された場合《ばあい》を除《のぞ》いては、公《おおやけ》の弾劾《だんがい》によらなければ罷免《ひめん》されない。裁《さい》判官《ばんかん》の懲戒処分《ちょうかいしょぶん》は、行政機関《ぎょうせいきかん》がこれを行《おこな》ふことはできない。

第《だい》七十九条《じょう》　最高裁判所《さいこうさいばんしょ》は、その長《ちょう》たる裁判官《さいばんかん》及《およ》び法律《ほうりつ》の定《さだ》める員数《いんずう》のその他《た》の裁判官《さいばんかん》でこれを構成《こうせい》し、その長《ちょう》たる裁判官《さいばんかん》以外《いがい》の裁判官《さいばんかん》は、内閣《ないかく》でこれを任命《にんめい》する。

○2　最高裁判所《さいこうさいばんしょ》の裁判官《さいばんかん》の任命《にんめい》は、その任命後《にんめいご》初《はじ》めて行《おこな》はれる衆議院議員総選挙《しゅうぎいんぎいんそうせんきょ》の際国民《さいこくみん》の審査《しんさ》に付《ふ》し、その後《のち》十年《ねん》を経過《けいか》した後初《のちはじ》めて行《おこな》はれる衆議院議《しゅうぎいんぎ》員総選挙《いんそうせんきょ》の際更《さいさら》に審査《しんさ》に付《ふ》し、その後《ご》も同様《どうよう》とする。

○3　前項《ぜんこう》の場合《ばあい》において、投票者《とうひょうしゃ》の多数《たすう》が裁判官《さいばんかん》の罷免《ひめん》を可《か》とするときは、その裁判官《さいばんかん》は、罷免《ひめん》される。

○4　審査《しんさ》に関《かん》する事項《じこう》は、法律《ほうりつ》でこれを定《さだ》める。

○5　最高裁判所《さいこうさいばんしょ》の裁判官《さいばんかん》は、法律《ほうりつ》の定《さだ》める年齢《ねんれい》に達《たっ》した時《とき》に退官《たいかん》する。

○6　最高裁判所《さいこうさいばんしょ》の裁判官《さいばんかん》は、すべて定期《ていき》に相当額《そうとうがく》の報酬《ほうしゅう》を受《う》ける。この報酬《ほうしゅう》は、在任中《ざいにんちゅう》、これを減額《げんがく》することができない。

第《だい》八十条《じょう》　下級裁判所《かきゅうさいばんしょ》の裁判官《さいばんかん》は、最高裁判所《さいこうさいばんしょ》の指《し》名《めい》した者《もの》の名簿《めいぼ》によつて、内閣《ないかく》でこれを任命《にんめい》する。その裁判官《さいばんかん》は、任期《にんき》を十年《ねん》とし、再任《さいにん》されることができる。但《ただ》し、法律《ほうりつ》の定《さだ》める年齢《ねんれい》に達《たっ》した時《とき》には退官《たいかん》する。

○2　下級裁判所《かきゅうさいばんしょ》の裁判官《さいばんかん》は、すべて定期《ていき》に相当額《そうとうがく》の報酬《ほうしゅう》を受《う》ける。この報酬《ほうしゅう》は、在任中《ざいにんちゅう》、これを減額《げんがく》することができない。

第《だい》八十一条《じょう》　最高裁判所《さいこうさいばんしょ》は、一切《いっさい》の法律《ほうりつ》、命令《めいれい》、規《き》則又《そくまた》は処分《しょぶん》が憲法《けんぽう》に適合《てきごう》するかしないかを決定《けってい》する権《けん》限《げん》を有《ゆう》する終審裁判所《しゅうしんさいばんしょ》である。

第《だい》八十二条《じょう》　裁判《さいばん》の対審及《たいしんおよ》び判決《はんけつ》は、公開法廷《こうかいほうてい》でこれを行《おこな》ふ。

○2　裁判所《さいばんしょ》が、裁判官《さいばんかん》の全員一致《ぜんいんいっち》で、公《おおやけ》の秩序又《ちつじょまた》は善良《ぜんりょう》の風俗《ふうぞく》を害《がい》する虞《おそれ》があると決《けっ》した場合《ばあい》には、対《たい》審《しん》は、公開《こうかい》しないでこれを行《おこな》ふことができる。但《ただ》し、政治犯罪《せいじはんざい》、出版《しゅっぱん》に関《かん》する犯罪又《はんざいまた》はこの憲法第《けんぽうだい》三章《しょう》で保《ほ》障《しょう》する国民《こくみん》の権利《けんり》が問題《もんだい》となつてゐる事件《じけん》の対審《たいしん》は、常《つね》にこれを公開《こうかい》しなければならない。

第《だい》七章《しょう》　財政《ざいせい》

第《だい》八十三条《じょう》　国《くに》の財政《ざいせい》を処理《しょり》する権限《けんげん》は、国会《こっかい》の議《ぎ》決《けつ》に基《もと》いて、これを行使《こうし》しなければならない。

第《だい》八十四条《じょう》　あらたに租税《そぜい》を課《か》し、又《また》は現行《げんこう》の租税《そぜい》を変更《へんこう》するには、法律又《ほうりつまた》は法律《ほうりつ》の定《さだ》める条件《じょうけん》によることを必要《ひつよう》とする。

第《だい》八十五条《じょう》　国費《こくひ》を支出《ししゅつ》し、又《また》は国《くに》が債務《さいむ》を負担《ふたん》するには、国会《こっかい》の議決《ぎけつ》に基《もと》くことを必要《ひつよう》とする。

第《だい》八十六条《じょう》　内閣《ないかく》は、毎会計年度《まいかいけいねんど》の予算《よさん》を作成《さくせい》し、国会《こっかい》に提出《ていしゅつ》して、その審議《しんぎ》を受《う》け議決《ぎけつ》を経《へ》なければならない。

第《だい》八十七条《じょう》　予見《よけん》し難《がた》い予算《よさん》の不足《ふそく》に充《あ》てるため、国会《こっかい》の議決《ぎけつ》に基《もと》いて予備費《よびひ》を設《もう》け、内閣《ないかく》の責任《せきにん》でこれを支出《ししゅつ》することができる。

○2　すべて予備費《よびひ》の支出《ししゅつ》については、内閣《ないかく》は、事《じ》後《ご》に国会《こっかい》の承諾《しょうだく》を得《え》なければならない。

第《だい》八十八条《じょう》　すべて皇室財産《こうしつざいさん》は、国《くに》に属《ぞく》する。すべて皇室《こうしつ》の費用《ひよう》は、予算《よさん》に計上《けいじょう》して国会《こっかい》の議決《ぎけつ》を経《へ》なければならない。

第《だい》八十九条《じょう》　公金《こうきん》その他《た》の公《おおやけ》の財産《ざいさん》は、宗教上《しゅうきょうじょう》の組織《そしき》若《も》しくは団体《だんたい》の使用《しよう》、便益《べんえき》若《も》しくは維持《いじ》のため、又《また》は公《おおやけ》の支配《しはい》に属《ぞく》しない慈善《じぜん》、教育《きょういく》若《も》しくは博愛《はくあい》の事業《じぎょう》に対《たい》し、これを支出《ししゅつ》し、又《また》はその利用《りよう》に供《きょう》してはならない。

第《だい》九十条《じょう》　国《くに》の収入《しゅうにゅう》支出《ししゅつ》の決算《けっさん》は、すべて毎年《まいねん》会計《かいけい》検査院《けんさいん》がこれを検査《けんさ》し、内閣《ないかく》は、次《つぎ》の年度《ねんど》に、その検査《けんさ》報告《ほうこく》とともに、これを国会《こっかい》に提出《ていしゅつ》しなければならない。

○2　会計《かいけい》検査院《けんさいん》の組織《そしき》及《およ》び権限《けんげん》は、法律《ほうりつ》でこれを定《さだ》める。

第《だい》九十一条《じょう》　内閣《ないかく》は、国会《こっかい》及《およ》び国民《こくみん》に対《たい》し、定期《ていき》に、少《すく》なくとも毎年《まいねん》一回《かい》、国《くに》の財政状況《ざいせいじょうきょう》について報告《ほうこく》しなければならない。

第《だい》八章《しょう》　地方自治《ちほうじち》

第《だい》九十二条《じょう》　地方公共団体《ちほうこうきょうだんたい》の組織《そしき》及《およ》び運営《うんえい》に関《かん》する事項《じこう》は、地方自治《ちほうじち》の本旨《ほんし》に基《もと》いて、法律《ほうりつ》でこれを定《さだ》める。

第《だい》九十三条《じょう》　地方公共団体《ちほうこうきょうだんたい》には、法律《ほうりつ》の定《さだ》めるところにより、その議事機関《ぎじきかん》として議会《ぎかい》を設置《せっち》する。

○2　地方公共団体《ちほうこうきょうだんたい》の長《ちょう》、その議会《ぎかい》の議員《ぎいん》及《およ》び法律《ほうりつ》の定《さだ》めるその他《た》の吏員《りいん》は、その地方公共団体《ちほうこうきょうだんたい》の住民《じゅうみん》が、直接《ちょくせつ》これを選挙《せんきょ》する。

第《だい》九十四条《じょう》　地方公共団体《ちほうこうきょうだんたい》は、その財産《ざいさん》を管理《かんり》し、事務《じむ》を処理《しょり》し、及《およ》び行政《ぎょうせい》を執行《しっこう》する権能《けんのう》を有《ゆう》し、法律《ほうりつ》の範囲内《はんいない》で条例《じょうれい》を制定《せいてい》することができる。

第《だい》九十五条《じょう》　一の地方公共団体《ちほうこうきょうだんたい》のみに適用《てきよう》される特《とく》別法《べつほう》は、法律《ほうりつ》の定《さだ》めるところにより、その地方公共団体《ちほうこうきょうだんたい》の住民《じゅうみん》の投票《とうひょう》においてその過半数《かはんすう》の同意《どうい》を得《え》なければ、国会《こっかい》は、これを制定《せいてい》することができない。

第《だい》九章《しょう》　改正《かいせい》

第《だい》九十六条《じょう》　この憲法《けんぽう》の改正《かいせい》は、各議院《かくぎいん》の総議員《そうぎいん》の三分《ぶん》の二以上《いじょう》の賛成《さんせい》で、国会《こっかい》が、これを発議《はつぎ》し、国民《こくみん》に提案《ていあん》してその承認《しょうにん》を経《へ》なければならない。この承認《しょうにん》には、特別《とくべつ》の国民投票《こくみんとうひょう》又《また》は国会《こっかい》の定《さだ》める選挙《せんきょ》の際《さい》行《おこな》はれる投票《とうひょう》において、その過半数《かはんすう》の賛成《さんせい》を必要《ひつよう》とする。

○2　憲法改正《けんぽうかいせい》について前項《ぜんこう》の承認《しょうにん》を経《へ》たときは、天皇《てんのう》は、国民《こくみん》の名《な》で、この憲法《けんぽう》と一体《いったい》を成《な》すものとして、直《ただ》ちにこれを公布《こうふ》する。

第《だい》十章《しょう》　最高法規《さいこうほうき》

第《だい》九十七条《じょう》　この憲法《けんぽう》が日本国民《にほんこくみん》に保障《ほしょう》する基本的《きほんてき》人権《じんけん》は、人類《じんるい》の多年《たねん》にわたる自由獲得《じゆうかくとく》の努力《どりょく》の成果《せいか》であつて、これらの権利《けんり》は、過去幾多《かこいくた》の試錬《しれん》に堪《た》へ、現《げん》在《ざい》及《およ》び将来《しょうらい》の国民《こくみん》に対《たい》し、侵《おか》すことのできない永久《えいきゅう》の権利《けんり》として信託《しんたく》されたものである。

第《だい》九十八条《じょう》　この憲法《けんぽう》は、国《くに》の最高法規《さいこうほうき》であつて、その条規《じょうき》に反《はん》する法律《ほうりつ》、命令《めいれい》、詔勅《しょうちょく》及《およ》び国務《こくむ》に関《かん》するその他《た》の行為《こうい》の全部《ぜんぶ》又《また》は一部《いちぶ》は、その効力《こうりょく》を有《ゆう》しない。

○2　日本国《にほんこく》が締結《ていけつ》した条約《じょうやく》及《およ》び確立《かくりつ》された国際法《こくさいほう》規《き》は、これを誠実《せいじつ》に遵守《じゅんしゅ》することを必要《ひつよう》とする。

第《だい》九十九条《じょう》　天皇《てんのう》又《また》は摂政《せっしょう》及《およ》び国務大臣《こくむだいじん》、国会議員《こっかいぎいん》、裁判官《さいばんかん》その他《た》の公務員《こうむいん》は、この憲法《けんぽう》を尊重《そんちょう》し擁護《ようご》する義務《ぎむ》を負《お》ふ。

第《だい》十一章《しょう》　補則《ほそく》

第《だい》百条《じょう》　この憲法《けんぽう》は、公布《こうふ》の日《ひ》から起算《きさん》して六箇月《かげつ》を経過《けいか》した日《ひ》から、これを施行《しこう》する。

○2　この憲法《けんぽう》を施行《しこう》するために必要《ひつよう》な法律《ほうりつ》の制定《せいてい》、参議院議員《さんぎいんぎいん》の選挙《せんきょ》及《およ》び国会召集《こっかいしょうしゅう》の手続《てつづき》並《なら》びにこの憲法《けんぽう》を施行《しこう》するために必要《ひつよう》な準備手続《じゅんびてつづき》は、前項《ぜんこう》の期日《きじつ》よりも前《まえ》に、これを行《おこな》ふことができる。

第《だい》百一条《じょう》　この憲法施行《けんぽうしこう》の際《さい》、参議院《さんぎいん》がまだ成立《せいりつ》してゐないときは、その成立《せいりつ》するまでの間《あいだ》、衆議院《しゅうぎいん》は、国会《こっかい》としての権限《けんげん》を行《おこな》ふ。

第《だい》百二条《じょう》　この憲法《けんぽう》による第《だい》一期《き》の参議院議員《さんぎいんぎいん》のうち、その半数《はんすう》の者《もの》の任期《にんき》は、これを三年《ねん》とする。その議員《ぎいん》は、法律《ほうりつ》の定《さだ》めるところにより、これを定《さだ》める。

第《だい》百三条《じょう》　この憲法施行《けんぽうしこう》の際現《さいげん》に在職《ざいしょく》する国務大臣《こくむだいじん》、衆議院議員《しゅうぎいんぎいん》及《およ》び裁判官《さいばんかん》並《なら》びにその他《た》の公務員《こうむいん》で、その地位《ちい》に相応《そうおう》する地位《ちい》がこの憲法《けんぽう》で認《みと》められてゐる者《もの》は、法律《ほうりつ》で特別《とくべつ》の定《さだめ》をした場合《ばあい》を除《のぞ》いては、この憲法《けんぽう》施行《しこう》のため、当然《とうぜん》にはその地位《ちい》を失《うしな》ふことはない。但《ただ》し、この憲法《けんぽう》によつて、後任者《こうにんしゃ》が選挙《せんきょ》又《また》は任命《にんめい》されたときは、当然《とうぜん》その地位《ちい》を失《うしな》ふ。

わたしたちのくらしと
日本国憲法
（全３巻）

監修：伊藤真

①
平和な国をつくる
［平和主義・統治機構］

②
自由な国をつくる
［立憲主義・自由権］

③
平等な国をつくる
［社会権・参政権］

わたしたちのくらしと日本国憲法
②自由な国をつくる［立憲主義・自由権］

2015年11月20日　第1刷発行
2017年 3月31日　第2刷発行

監修　伊藤 真
文　市村 均
絵　伊東浩司

発行者　岩崎夏海
発行所　株式会社 岩崎書店
〒112-0005　東京都文京区水道1-9-2
電話 03-3812-9131（営業）　03-3813-5526（編集）
振替 00170-5-96822
印刷所　株式会社 光陽メディア
製本所　株式会社 若林製本工場

ISBN 978-4-265-08452-4
NDC 323
56p 29cm

Published by IWASAKI Publishing Co.,Ltd.
Printed in Japan
■ご意見、ご感想をお寄せ下さい。
E-mail：hiroba@iwasakishoten.co.jp
■岩崎書店ホームページ
http://www.iwasakishoten.co.jp

監修◎伊藤 真（いとう まこと）

1958年生まれ。81年、東京大学在学中に司法試験合格。

伊藤塾塾長・弁護士・法学館法律事務所所長・法学館憲法研究所所長。日弁連憲法問題対策本部副本部長。「一人一票実現国民会議」発起人。

「憲法を知ってしまったものの責任」から、日本国憲法の理念を伝える伝道師として、講演・執筆活動を精力的に行う。夢は世界の幸せの総量を増やすこと。日本を人権先進国、優しさ先進国、平和先進国にすること。

NHK「日曜討論」や「仕事学のすすめ」、テレビ朝日の「朝まで生テレビ！」などにも出演。さまざまなメディアを通じて多くの方に向けたメッセージを日々発信している。

著書は、『中高生のための憲法教室』（岩波ジュニア新書、2009年）、『伊藤真の憲法入門 第5版 講義再現版』（日本評論社、2014年）など多数。

構成・文◎市村 均（いちむら ひとし）
1956年生まれ。ライター。小学生・中学生向けの書籍や参考書を執筆。とくに自然科学や教育系の記事を得意とする。執筆した書籍には、『資源の本（全5巻）』（岩崎書店、2003年）、『なるほどナットク“自然現象”（全5巻）』（学研、2009年）、『学習に役立つ！ なるほど新聞活用術（全3巻）』（岩崎書店、2013年）など。

絵◎伊東 浩司（いとう こうじ）
1965年生まれ。2001年までデザイン事務所K2に勤務。以降はフリーランスのデザイナー・イラストレーターとして活動。『資源の本（全5巻）』（岩崎書店、2003年）『学習に役立つ！ なるほど新聞活用術（全3巻）』（岩崎書店、2013年）のイラスト・デザインを担当。

協力　法学館憲法研究所、法学館/伊藤塾
装丁・デザイン　伊東浩司
編集　（有）きんずオフィス

参考にしたおもな本やウェブページ
『憲法 第五版』芦部信喜 / 高橋和之（補訂）岩波書店
『憲法学教室 全訂第2版』浦部法穂 日本評論社
『五訂 憲法入門』樋口陽一 勁草書房
『個人と国家――今なぜ立憲主義か』樋口陽一 集英社新書
『未完の憲法』奥平康弘 / 木村草太 潮出版社
『法とは何か 法思想史入門』長谷部恭男 河出ブックス
『憲法とは何か』長谷部恭男 岩波新書
『伊藤真の憲法入門 第5版 講義再現版』伊藤真 日本評論社
『高校生からわかる 日本国憲法の論点』伊藤真 トランスビュー
『中高生のための憲法教室』伊藤真 岩波ジュニア新書
『10代の憲法な毎日』伊藤真 岩波ジュニア新書
法学館憲法研究所 http://www.jicl.jp/
マガジン9 http://www.magazine9.jp/
一人一票実現国民会議 http://www.ippyo.org/index.html